이 책을 통해
당신도 그리스도를 찾길 바랍니다.
그리스도의 몸을 매일 체험하는 가운데
그분을 알아 가는 더 깊은 체험도
발견하게 되기를 바랍니다.

| 진 에드워즈 |

하나님의 임재 연습 ⁺플러스

하나님의 임재를 체험하는
거룩한 삶을 갈망하며

PRACTICING HIS PRESENCE
by Brother Lawrence & Frank Laubach

Copyright © 1973 by Gene Edwards
Originally published in English under the title PRACTICING HIS PRESENCE
by SeedSowers Publishing House, PO Box 3317,
Jacksonville, Florida, 32206 USA

Korean Edition published by Word of Life Press, Seoul 1996, 2013
Translated and published by permission.
Printed in Korea.

하나님의 임재 연습⁺ 플러스
이 책은 「하나님의 임재 체험하기」를 개정한 것입니다.

ⓒ 생명의말씀사 1996, 2013

1996년 3월 15일 1판 1쇄 발행
2010년 11월 25일   23쇄 발행
2013년 5월 10일 2판 1쇄 발행
2023년 4월 11일   6쇄 발행

펴낸이 ㅣ 김창영
펴낸곳 ㅣ 생명의말씀사

등록 ㅣ 1962. 1. 10. No.300-1962-1
주소 ㅣ 서울시 종로구 경희궁1길 6 (03176)
전화 ㅣ 02)738-6555(본사)·02)3159-7979(영업)
팩스 ㅣ 02)739-3824(본사)·080-022-8585(영업)

기획편집 ㅣ 정설아
디자인 ㅣ 윤보람
인쇄 ㅣ 영진문원
제본 ㅣ 다인바인텍

ISBN 978-89-04-16417-2 (03230)

하나님의 임재 연습 ^{플러스}

로렌스 형제, 프랭크 루박 지음 | 진 에드워즈 엮음

생명의말씀사

주님과 끊임없이 교제하는 삶을
추구하길 바라며

이 책은 하나님과 특별한 관계를 가졌던 두 사람, 다시 말해서 그리스도께서 세상에 계실 때 끊임없이 아버지를 의식하셨던 것처럼 그리스도의 임재를 의식하며 살아갔던 두 사람의 증거를 담은 책입니다.

그런데 어떻게 그런 관계가 이루어질 수 있는 걸까요? 그런 것은 바람직한 것일까요? 그런 체험은 그리스도인의 생활에서 중요한 것일까요?

끊임없이 그리스도의 임재를 의식하며 산다는 것은 현실과 너무나 동떨어진 일 같기 때문에, 대부분의 사람은 이를 포기하며 삽니다. 도무지 이룰 수 없는 일일 거라고 여기면서 말입니다. 그러나 정말 그렇지는 않습니다! 그런데 만일 그리스도의 임재를 계속 의식하는 것이 가능하다면, 지난 2천 년 동안 그리스도인들 사이에서 왜 그런 관계가 거의 발견되지 않은 걸까요?

대답은 간단합니다. 그리스도를 깊이, 끊임없이 의식하는 일은 대부분의 사람에게 알려지지 않은 비밀이기 때문입니다. 있는지조차 모르는 것을 추구할 수는 없는 법이지요. 그리고 그리스도와 끊임없이 교제하는 삶을 실천한 사람들은 아주 극소수에 지나지 않았으며, 그런 체험을 한 사람들은 다른 사람들과 접촉이 거의 없었습니다.

그렇다면 이제까지 결여되어 있었던 것은 무엇일까요? 그것은 바로 공동체적 노력입니다! 다 함께 오직 그리스도만을 알고자 하려는 노력이 부족했던 것입니다. 이런 공동체적 노력이 있을 때 어려움을 극복할 수 있습니다. 이것을 더 실제적으로 말하자면, 한 집단의 사

람들이 다 함께 협력하여 그리스도와 끊임없이 교제하는 삶을 추구
할 때, 불가능한 것이 가능한 것으로 변하는 것입니다.

이 책은 원래 바로 이런 집단을 위해서 글을 모아 만든 것입니다.
로렌스 형제(Brother Lawrence)와 프랭크 루박(Frank Laubach)의 개인적
인 경험을 다 함께 체험하고 싶어했던 약 120명의 사람들을 위해 만
들어진 것이지요.

다음의 말과 더불어 이 책을 당신에게도 전합니다.

"이 책은 그리스도의 몸인 교회를 실제적으로 체험하기 원하는 사
람들을 위한 것입니다. 그리스도와의 이런 놀라운 관계는 개인이 혼
자 추구하거나 혼자 찾아야 하는 것이 아닙니다. 이런 관계는 교회
를 위한 것입니다! 여기서 말하는 교회는 '교회 생활'이라는 분위기

가운데 사는 특권을 가진 소수의 사람을 의미합니다."

당신은 초대 교회 사람들이 어떤 삶을 살았는지 더 깊이 알고 싶어 초대 교회에 대한 이야기를 읽기 원할지도 모릅니다. 내가 원하는 바도 초대 교회 사람들이 한 체험을 우리 시대의 신자들도 집단적으로 경험하는 것입니다.

진 에드워즈(Gene Edwards)

차례

Part 1

로렌스
형제

Part 2

프랭크
루박

주님의 임재를 깊이 체험한
두 사람의 증거

교회 역사를 통틀어 그리스도의 임재를 체험하는 문제에 관해 아주 실제적이면서도 단순하게 글을 쓴 사람이 둘 있었습니다. 이 두 사람은 모두 그리스도의 임재를 끊임없이 의식하는 가운데 살았다는 강력한 증거를 가지고 있습니다. 주님께서 우리를 아시듯 우리도 주님을 알려면 이 두 사람의 경험을 살펴보는 것이 지혜로울 것입니다. 두 사람 중 한 사람은 17세기에 살았고, 다른 한 사람은 20세기에 살았습니다.

먼저 사람은 로렌스 형제(Brother Lawrence, 본명 Nicholas Herman)로, 그는 1691년 2월에 주님의 품으로 돌아갔습니다. 두 번째 사람은 프랭크 루박(Frank Laubach)으로, 1970년 6월에 주님께로 돌아갔습니다.

이 책은 로렌스 형제가 주님의 임재 가운데 사는 문제에 대해 쓴 글 전체와, 프랭크 루박이 이 주제에 대해 쓴 두 저서의 내용을 요약한 것을 한 책으로 모은 것입니다.*

로렌스 형제의 글은 현대에 맞도록 의도적으로 고쳐 썼습니다. 프랭크 루박의 글은 약간만 손을 댔습니다.

로렌스 형제의 글을 고쳐 쓴 이유가 궁금할 것입니다. 그 이유는 현대 그리스도인 대부분이 로렌스 형제가 쓴 글의 많은 부분을 어려워하기 때문입니다. 그의 책에 사용된 언어들은 지나치게 고어풍이고, 문체 역시 너무 어렵습니다.

그래서 그의 이야기들과 사상을 좀 더 현대적인 언어로 바꿔 쓰게

---

* 프랭크 루박의 글은 **프랭크 루박의 편지** *Letters by a Modern Mystic*(생명의말씀사)와 **1분 1분과의 게임** *Games with Minutes*이라는 두 권의 소책자에서 발췌한 것입니다.

되었습니다. (로렌스 형제의 소책자는 4개의 대화문과 16통의 편지를 담고 있습니다. 대화문은 3인칭에서 1인칭으로 고쳐 썼습니다.) 이렇게 수정했어도 그의 문체는 여전히 17세기의 냄새를 풍기고 있습니다. 그가 살았던 시대의 특징을 조금은 남겨 놓으려 했기 때문이지요.

프랭크 루박이 그리스도의 임재라는 주제로 쓴 글을 요약하면서는, 다른 주제에 대해 이야기한 것은 빼고 영구적인 가치가 있는 내용만을 남겨 놓았습니다.

로렌스 형제의 이야기를 고쳐 씀으로 그는 지난 300년간 그래 왔던 것처럼 다음 세기에도 말할 수 있게 되었습니다. 프랭크 루박은, 그의 글을 요약하여 본 주제에 대한 체험의 핵심 부분을 끌어냈기 때문에, 로렌스 형제의 글처럼 여러 세기를 거쳐 지속될 메시지를 많은 그리스도인에게 전할 수 있게 되었습니다.

이 두 사람 사이에는 약 300년의 간격이 있지만, 그들의 글을 읽으면 그들의 마음과 경험에 유사함이 있다는 것을 발견할 수 있을 것입니다. (로렌스 형제는 1600년대 말에 글을 썼고, 프랭크 루박은 1930년대 초에 썼습니다. 프랭크 루박은 첫 책을 주님의 임재를 추구하는 사람으로서 썼고, 두 번째 책은 그 답을 찾은 사람으로서 썼습니다.)

이제 이 두 사람의 삶을 좀 더 자세히 살펴보겠습니다. 두 사람의 증거, 즉 끊임없이 그리스도를 체험할 수 있다는 살아 있는 증거로 여러분을 격려하고 도전하게 하려는 것이 이 책의 목적이기 때문입니다.

저자 소개 1

로렌스 형제의 생애

로렌스 형제에 대해서는 알려진 것이 거의 없어서 알고 있는 것만을 말하겠습니다. 로렌스 형제는 1611년 프랑스령 로렌(Lorraine)의 한 가난한 집안에서 태어나 니콜라스 에르망(Nicholas Herman)이라고 이름 지어졌습니다. 그는 18세 때 그리스도께로 회심했습니다. 군에 입대했던 그는 군에서 나온 뒤에는 마차 문을 여닫거나 주인의 식탁 시중을 드는 하인으로 일하기도 했습니다.[*]

그러다가 55세가 되던 1666년 그는 파리에 있는 카르멜 수도회(The Carmelites)라는 종교 단체에 들어갔습니다. 이 수도회에서 그는 그리스도께 헌신한 맨발의 수도사들 사이에서 '평신도 수도사'가 되었습니다. 거기서 로렌스 형제라는 새 이름을 얻게 되었습니다. 그는 이 수도회에서 25년간을 보내고[**] 1691년, 향년 80세로 세상을 떠났습니다.

수도회에 있는 동안 그는 대부분 취사장에서 일했습니다. 그의 조용하고도 평온한 믿음과 단순한 '하나님의 임재 체험'은 수도회 안에, 그리고 나중에는 수도회 밖에까지 알려지게 되었습니다.

결국 로렌스 형제는 프랑스의 다른 지방 사람들에게, 매일 그리스도를 체험하는 일에 있어서 어떻게 하면 그와 비슷한 경험을 할 수 있는지 도와달라는 요청을 받았습니다. 심지어 교회 지도자들도 조언과 도움을 청하려고 그와 교제하기를 원했습니다.

로렌스 형제가 세상을 떠나고 1년 후인 1692년, 그가 쓴 편지들이 몇 권의 책으로 출판되었

---

[*]1651년경 그리스도를 체험하는 일에 있어서 그에게 어떤 전환점이 있었던 것 같습니다. 이때부터 그는 하나님의 임재 가운데 살게 되었습니다.

[**]어떤 사람은 그의 편지에 근거하여 그가 25년이 아니라 40년간 '평신도 수도사'로 지냈다고 주장하고 있습니다.

습니다. 부주교인 보포르(M. Beaufort)가 이 편지들을 출판하도록 권유했던 드 샬롱(M. de Chalons, 이전에 노와이유[Noailles]의 추기경이었음)에게 보낸 첫 출판물의 서문을 이 책에 포함시키기로 했습니다.

이 서문에는 로렌스 형제의 단순성과 몇몇 사람들이 그에게 가지고 있던 존경심이 잘 나타나 있습니다.

> 지난해, 맨발의 카르멜 수도회의 많은 형제가 세상을 떠났습니다. 그들은 고결한 삶이라는 보기 드문 유산을 남기고 죽었습니다. 하나님의 섭리는 사람들의 시선을 우선 로렌스 형제의 죽음에 돌리게 하는 것 같습니다.
>
> 로렌스 형제의 편지 사본을 본 몇몇 사람들은 그의 다른 편지들도 보기를 원했습니다. 이런 요청에 부응하기 위해 로렌스 형제가 직접 쓴 편지를 될 수 있는 한 많이 수집했습니다.
>
> 모든 그리스도인이 이런 글들 속에서 자신에게 교훈이 되는 것을 많이 발견할 것입니다. 세상에 파묻혀 사는 사람들은 눈에 보이는 일시적인 세상의 거짓된 영광 가운데서 평안과 기쁨을 추구하면서, 그들이 스스로를 얼마나 기만하고 있는지를 알게 될 것입니다. 최상의 선을 추구하는 사람들은 선을 체험하기 위해 끊임없이 노력할 수 있는 힘을 얻을 것입니다.
>
> 당신의 직업이 무엇이든 간에 당신은 이 책에서 유익을 얻게 될 것입니다. 이 책 안에서 당신과 마찬가지로 외부 활동에 바쁘지만, 바쁜 업무가 계속되는 중에도 활동과 묵상을 결합시키는 방법을 터득한 한 형제를 만나게 될 것입니다. 지난 40년 동안 이 형제는 '하나님의 임재'를 결코 떠난 적이 없었습니다.

이 편지들이 처음 출판되고서 300년 가까이 지나는 동안, 알려지지 않은 수천, 수백만 통의 편지 복사본들이 인쇄되었습니다. 그가 그처럼 아름답게 다루었던 메시지가 다시 알려지기를 희망하면서 이 편지들을 현대어로 여러분에게 내어놓습니다.

프랭크 루박의 생애

프랭크 루박은 1884년 9월 2일 미국에서 태어났습니다. 이때는 로렌스 형제가 죽은 지 거의 200년이 지난 후였습니다. 프랭크 루박은 1915년 필리핀에서 선교사로서의 삶을 시작하며 왕성한 사역을 했습니다.

그의 마음은 필리핀 남부 민다나오(Mindanao) 섬의 이슬람교 신자들인 모로족(Moros)에게 향해 있었습니다. 1930년 그는 결국 모로족의 곁으로 나아가 그들을 대상으로 탁월하고 충성되게 사역했고, 이 밖에도 훌륭한 일을 많이 했습니다. 그러나 그는 그때까지는 세상에 잘 알려지지 않은 이름 없는 십자가의 군사였습니다.

프랭크 루박은 45세가 되던 바로 그해 그리스도의 임재 가운데 거하는 일을 훈련하기 시작했습니다. 40년 후 그는 거의 영원에 가까운 것을 얻었고, 놀랍게도 20세기에 가장 널리 알려지고 가장 많이 사랑받는 사람이 되어 주님의 품으로 돌아갔습니다.

필리핀의 시그널 언덕(Signal Hill)에서 시작하여 1970년 6월 11일 85세의 나이로 죽기까지, 그는 그리스도의 제자로서 가장 풍성한 삶을 살았습니다.

그는 그 시대에서 여행을 가장 많이 한 그리스도인이었습니다. 어쩌면 현대에서도 여행을 가장 많이 한 사람일지도 모릅니다. 그는 실제로 지구 곳곳에 알려져 있었습니다. 그에게 수없이 많은 영예가 쏟아졌습니다. 그렇지만 그는 그 유명한 '올해의 인물' 상을 받았을 때에도 겸손하게 "주님은 나의 상패들을 기억하시지 않고 오히려 나의 상흔들을 기억하실 것이다."라고 말했습니다.

그는 50여 권의 책을 썼는데, 그중 서너 권은 세계적으로 영향을 끼쳤던 베스트셀러였습니다. 그는 현대에서 가장 위대한 교육자일지도 모릅니다. 많은 사람이 그를 금세기 가운데 가장 독특한 인물 중 한 명으로 언급합니다. 그는 무수히 많은 일을 이룩해 놓았습니다. 이 엄청난 사람의 삶의 원천은 그가 살았던 민다나오 섬의 오두막집 뒤에 있는 아름답고 호젓한 언덕이라고 할 수 있습니다.

프랭크 루박은 그 당시 자신이 겪은 체험들을 일련의 편지로 써서 자기 아버지에게 보냈는데, 거기서 이 책에 실린 글들을 수집했습니다. 이 글을 읽을 수 있는 그리스도인들이 남아있는 한 여기 기록된 프랭크 루박의 글들이 시대를 초월하여 계속되기를 간절히 바라고 기도합니다.

Part · 1

로렌스 형제

Brother Lawrence

주님, 나는 당신의 것입니다.
메마른 것은 내게 문제 될 것도 없고
영향을 주지도 못합니다!

PRACTICING HIS PRESENCE

놀라운 깨달음

1
....

오직 하나님의 뜻을 행하는 데서
우리의 만족을 찾아야 합니다.

하나님의 능력과 섭리

하나님께서는 내게 놀라운 은총을 베푸셔서 열여덟의 나이에 회심하게 하셨습니다.

그해 겨울, 나는 낙엽 진 나무를 보면서 조금만 있으면 잎이 새로 나고 꽃도 피고 열매도 맺힐 것이라고 생각했습니다. 이것을 통해 하나님의 능력과 섭리를 명확히 깨닫게 되었고, 이 깨달음은 그 이래로 내 영혼을 떠나지 않고 있습니다. 나를 사로잡았던 그날의 깨달음은 세상으로부터 나를 완전히 자유하게 했고, 내 안에 하나님을

향한 아주 뜨거운 사랑을 불붙였습니다. 그 사랑이 얼마나 뜨거웠던 지, 그날 이후 40여 년간 이어진 사랑이 그때보다 더 뜨거워졌는지 알 수 없을 정도입니다.

나는 회계 관리인 피예베르(Fieubert) 씨의 하인으로 일한 적이 있습니다. 당시 나는 무척 서툴러서 하는 일마다 모두 망쳐 놓는 것만 같았습니다.

나의 힘이신 여호와여
내가 주를 사랑하나이다

시 18:1

그리하여 나는 하인으로 계속 지내는 대신 수도원에 들어가기로 했습니다. 그렇게 하면 나의 어리석음과 내가 저지른 실수들에 대해 벌을 받을 수 있을 것 같았습니다. 나는 내 인생과 삶의 모든 즐거움을 하나님께 바치기로 했습니다. 그러나 이 생각에 대해 하나님께서는 나를 크게 실망하게 만드셨습니다. 내 인생을 하나님께 드림으로써 받은 것은 만족밖에 없었기 때문입니다.

나는 끊임없이 하나님과 대화하면서 하나님의 임재 의식을 우리 안에 확고하게 할 수 있다는 것을 발견했습니다. 하찮은 것들과 어리석은 것들을 생각하기 위해서 하나님과 대화하기를 포기하는 것은 부끄러운 일입니다. 우리는 큰 기쁨을 주는, 하나님을 생각하는 그 고귀한 것으로 우리 영혼을 먹이고 살찌워야 합니다.

오직 하나님의 뜻을 위해

우리는 우리의 믿음을 소생시켜, 즉 다시 살려야 합니다. 우리가 너무나 적은 믿음을 가지고 있다는 것은 정말 통탄할 일입니다. 사람들은 하나님을 믿는 것을 그들의 행위의 기준으로 삼는 대신 날마다 변하는 사소한 영적 행위에 만족하고 있습니다. 믿음을 살아 생동하게 하는 것이야말로 교회의 기본 정신이며, 이러한 믿음은 우리를 아주 높은 차원의 완전에 이르도록 합니다.

영적인 일에서는 물론 세속적인 일에서도 우리 자신을 하나님께 맡겨 드려야 합니다. 오직 하나님의 뜻을 행하는 데서 우리의 만족을 찾아야 합니다. 하나님께서 우리를 고난으로 인도하시든 위로로 인도하시든, 우리의 만족은 오로지 하나님의 뜻을 이루는 데 있어야 합니다. 진정으로 하나님께 자신을 맡긴 사람에게는 고난이든 위로든 모든 것이 동일하게 느껴질 것이기 때문입니다.

기도하다 보면, 하나님께서 우리의 사랑을 시험하시는 때가 있습니다. 우리의 영혼을 괴롭게 하는 이런 메마르고 불확실한 시기에는 하나님께 충성을 다해야 합니다. 이때는 의뢰라는 효과적인 행동을 하는 것이 좋습니다. 종종 이 시간에 영적 성장이 이루어지기도 합니다.

그냥 이렇게 말하십시오. "주님, 나는 당신의 것입니다. 메마른 것은 내게 문제 될 것도 없고 영향을 주지도 못합니다!"

하나님께서 요구하시는 의뢰에 이르기 위해서는 우리의 모든 욕망을 주의하여 살펴야 합니다. 이런 욕망은 천한 속성의 것들뿐만 아니라 영적인 것들에도 섞여 있습니다. 하나님께서는 진정으로 자신을 섬기기 원하는 자들에게는 누구에게나 이런 욕망들에 대해 빛을 비추어 주십니다.

만일 하나님을 성실하게 섬기는 것이 당신의 소원이라면, 나를 귀찮게 할지 모른다는 생각은 버리고 언제든 좋은 때에 마음 놓고 찾아와도 됩니다. 그러나 이것이 당신의 진정한 소원이 아니라면 나를 다시 찾아올 필요는 없습니다.

1666년 8월 3일, 한 친구와의 대화

모든 것이 바뀐 순간

2
....

우리가 행해야 할 일은 오직 하나님을 사랑하고
하나님 안에서 기뻐하는 것입니다.

하나님만을 사랑하는 마음

나는 언제나 오직 하나님을 향한 사랑에 이끌려 왔고, 하나님을 내 모든 행동의 목적으로 삼아 왔습니다. 하나님을 사랑하기 위해서라면 땅에 떨어진 지푸라기 하나를 줍는 데서도 기쁨을 느낍니다. 나는 오직 하나님만을 바랄 뿐, 다른 어떤 것도, 심지어 하나님의 선물조차도 바라지 않습니다.

나는 내가 저주를 받을지도 모른다는 생각 때문에 오랫동안 괴로워했습니다. 세상 그 누구도 나의 이런 확고한 생각에 대해 반박하지 못했습니다. 그러나 마침내 나는 이렇게 생각하게 되었습니다.

'나는 오직 하나님을 사랑하기 위해서 신앙생활을 해 왔다. 오직 하나님을 위해서만 행동하려고 노력해 왔다. 버림을 받든 구원을 받든 내게 무슨 일이 일어난다 해도 나는 늘 순전히 하나님만을 사랑할 것이다.'

적어도 이 선한 다짐만은 꼭 지킬 것입니다. 죽을 때까지 내 안에 있는 모든 것을 사용하여 하나님을 사랑할 것입니다.

어수선한 마음 상태는 수년 동안 계속되었습니다. 그동안 나는 많이 괴로웠습니다. 그러나 이러한 고통이 믿음이 부족한 데서 생긴다는 것을 알게 된 뒤부터는 완전한 자유와 지속적인 기쁨 가운데 살게 되었습니다. 심지어 나는 하나님 앞에 내 죄를 가져다 놓고는, 나는 하나님의 은총을 받을 자격이 없는 사람이라고도 말씀드렸습니다. 그러나 하나님께서는 나에게 계속해서 풍성한 은총을 베풀어 주셨습니다.

단순한 자세

끊임없이 하나님과 대화하고 또 우리가 하는 모든 일을 하나님께 아뢰는 습관을 들이기 위해서는 무엇보다 부지런히 하나님을 찾아야 합니다. 그렇게 하면 얼마 지나지 않아 하나님의 사랑이 내면에서 우리를 일깨워 아무 어려움 없이 하나님의 임재로 들어가게 해줄 것입니다.

하나님께서 주신 즐거운 날들이 지나면 그 다음에는 어려움과 고통의 날들이 있으리라 예상합니다. 그러나 그것 때문에 불안하지는 않습니다. 내 힘으로 할 수 있는 일은 아무것도 없는 만큼, 하나님께서 반드시 그것을 이겨낼 힘을 주실 것이기 때문입니다.

좋은 일을 할 수 있는 기회가 생겼을 경우에는 하나님께 이렇게 고백합니다. "주님, 주님께서 나에게 힘을 주지 않으시면 이 일을 할 수 없습니다." 그러고 나면 차고 넘치는 힘을 받습니다.

마땅히 해야 할 일을 하지 못했을 때는 순순히 나의 허물을 시인하며 이렇게 말합니다. "주님께서 나를 그냥 내버려 두시면 달리 어찔 도리가 없습니다. 나의 실패를 막으실 분도 주님이시고, 이 엉망진창인 상황을 바로잡아 주실 분도 주님이십니다." 그렇게 기도한 다음에는 실패에 대해 더 이상 불안해하지 않습니다.

우리는 모든 일을 아주 단순한 자세로 하나님을 향해 행동해야 합니다. 솔직하게 있는 그대로 하나님께 아뢰면서 모든 일에 하나님의 도우심을 구해야 하는 것입니다. 종종 경험하는 바이지만, 하나님께서 도움을 주지 않으시는 경우는 결코 없습니다.

주님의 일

최근 나는 수도원에서 쓸 포도주를 사기 위해 부르고뉴(Burgundy)에 다녀왔습니다. 이는 내가 아주 싫어하는 일입니다. 물건을 흥정하는 일에 별다른 재주가 없는데다가 다리를 저는 까닭에, 포도주통 위에 엎어지지 않고서는 도저히 배까지 갈 수 없을 정도였기 때문입니다. 그러나 이런 상황 때문에 포도주 사는 일에 대해 염려하지는 않았습니다. 대신 주님께 내가 하려고 하는 일은 주님의 일이라고 말씀드렸습니다. 그랬더니 모든 일이 아주 잘되었습니다.

이런 일은 (나의 천성과는 반대되는 곳인) 취사장에서도 마찬가지입니다. 나는 취사장에서 하는 모든 일을 하나님을 향한 사랑으로 하는데 익숙합니다. 어떤 경우든 하나님께 기도를 드리면, 맡은 일을 잘할 수 있도록 하나님께서 은혜를 베풀어 주십니다. 그리하여 나는 취사장에서 일해 온 15년 동안 그 은혜로 일을 수월하게 해낼 수 있었습니다.

나는 지금 내가 있는 이 자리에 아주 만족하고 있습니다. 그렇지만 언제든 이 자리를 떠날 준비가 되어 있습니다. 보잘것없는 일이라도 하나님을 사랑하는 마음으로 하면 어떤 상황에 있든 만족할 수 있기 때문입니다.

나에게 있어 정해진 기도 시간은 다른 시간과 다르지 않습니다.

홀로 떨어져 기도하기는 하지만(이 일은 윗분의 지시로 하는 것입니다), 이런 은거를 원하지도 않고 요구하지도 않습니다. 아무리 큰일을 하더라도 하나님께만 집중하는 상태에서 떠나지 않았기 때문입니다.

모든 일을 하나님을 사랑하는 가운데 하는 것이 나의 의무임을 알고 있습니다. 그렇게 하려고 노력하는 데 있어서 나에게 어떻게 하라고 조언해 줄 지도자가 필요하지는 않습니다. 나는 나의 허물을 아주 잘 알고 있습니다. 그러나 그것 때문에 낙심하지는 않습니다. 나의 허물을 하나님께 아뢰고 나면, 평안한 마음으로 평소처럼 하나님을 사랑하고 경배하는 일을 다시 시작하게 됩니다.

마음이 괴로울 때는 다른 사람에게 조언을 구하지 않습니다. 하나님께서 언제나 나와 함께하신다는 것을 믿음으로 알기에, 모든 행동을 하나님께 아뢰는 것만으로도 만족을 느낍니다. 즉, 주님을 기쁘시게 하려는 소망 가운데 모든 일을 행하고, 그 외의 다른 것들은 모두 그대로 내버려 둡니다.

하나님께 나아가는 지름길

쓸데없는 생각들은 만사를 망쳐 놓습니다. 여기에서 좋지 않은 일이 시작됩니다. 그렇기 때문에 그런 잡다한 생각들이 부적절하다는 것을 깨닫는 즉시 그 생각들을 물리치고 하나님과의 교제로 돌아가

위의 것을 생각하고
땅의 것을 생각하지 말라

골 3:2

야 합니다.

처음에는 잡다한 생각에 빠져들지 않으려고 애쓰다가 또다시 거기에 빠져드는 과정을 반복하며 정해진 기도 시간을 다 흘려보내곤 했습니다. 얼마 동안은 묵상의 시간을 갖기도 했지만, 곧 그 일도 그만두었습니다. 이것을 어떻게 설명해야 할지 모르겠습니다. 나는 다른 사람들처럼 특정한 방법을 써서 경건 시간을 통제할 수가 없었습니다.

육체적인 고행과 다른 모든 활동은 그것이 사랑으로 하나님과 연합하게 하는 것이 아닌 한 아무 소용이 없습니다. 나는 이에 대해 깊이 생각해 봤으며, 하나님께 곧장 나아가는 가장 빠른 길은 끊임없이 하나님을 사랑하고 모든 일을 하나님을 위해 행하는 것임을 깨달았습니다.

이해하는 데서 나오는 행동과 의지에서 나오는 행동을 분명하게 구분해야 합니다. 자신의 지적 이해를 바탕으로 하는 행동은 상대적으로 가치가 없습니다. 마음의 깊은 감동에서 우러나오는 행동이 가치 있는 것입니다. 우리가 행해야 할 일은 오직 하나님을 사랑하고 하나님 안에서 기뻐하는 것입니다.

마음을 다하여

어떤 종류의 고행이라도 거기에 하나님을 향한 사랑이 없다면, 그 행위는 단 하나의 죄도 용서받을 수 없을 것입니다. 우리는 염려하지 말고 주 예수 그리스도의 보혈로 죄를 용서받기를 기대해야 합니다. 우리가 해야 할 유일한 노력은 마음을 다하여 하나님을 사랑하는 것입니다. 하나님께서는 가장 큰 죄인에게 가장 큰 은혜를 베푸시는 것 같습니다.

이 세상에서 겪는 가장 큰 고통 또는 가장 큰 즐거움도 내가 영적인 상태에서 경험한 고통과 즐거움에 비하면 아무것도 아닐 것입니다. 그래서 나는 아무것도 염려하지 않고, 아무것도 두려워하지 않습니다. 다만 한 가지, 내가 주님을 노하시게 하는 일은 없기만을 바랄 뿐입니다.

나는 전혀 망설이지 않습니다. 해야 할 일을 하지 못했을 때는 즉시 그 사실을 인정하고 이렇게 말합니다. "나는 늘 그렇습니다. 하나님께서 나를 이대로 내버려 두시면 달리 어쩔 수가 없습니다." 실패하지 않았을 때는 하나님께 감사를 드립니다. 그 힘이 하나님에게서 온다는 것을 인정하면서 말입니다.

영적 삶의 토대

3
....

영적 삶을 시작하는 초기에는 자기 본분을 다하고
자신을 부인하는 데 충실해야 합니다.

단순한 신뢰

내게 있어서 영적 삶의 토대는 하나님을 좋게 생각하고 귀하게 여기는 것입니다. 이것은 둘 다 믿음으로 얻은 것입니다.

일단 이런 생각만 잘 품게 되면 나는 아무것도 염려하지 않고 다른 모든 생각을 철저히 물리쳐서 어떤 일이든 간에 하나님을 사랑하는 가운데 하려고 노력합니다. 때로 오랫동안 하나님을 생각하지 못했더라도 그 때문에 불안해하지는 않습니다. 나의 잘못을 하나님께 고백하고 난 후에는 더욱 큰 신뢰를 가지고 하나님께로 돌아가기 때문입니다. 하나님을 잊었을 때는 무척 비참했기 때문에 더욱 하나님을 신뢰할 수 있는 것입니다.

우리가 하나님께 두는 이 단순한 신뢰는 하나님께 크게 영광을 돌리며 그분의 크신 은혜를 이끌어 냅니다. 하나님은 거짓말을 하지 않으십니다. 그리고 자신을 온전히 의뢰하는 자를, 다시 말해서 주님을 위해 모든 것을 견디기로 작정한 자를 오랫동안 고통당하게 내버려 두시지 않습니다.

나는 무슨 일이 있을 때마다 즉시 도우시는 하나님의 은혜를 자주 체험했습니다. 해야 할 일이 있을 때 나는 미리부터 그 일에 대해 염려하지 않습니다. 그 일을 할 때가 되면 행해야 하는 모든 것이 거울을 보듯 분명하게 하나님으로부터 주어집니다.

외적인 일들로 잠시 하나님을 생각하지 못하게 될 때는 하나님께서 주시는 새로운 생각이 내 영혼을 감싸 줍니다. 그러면 나는 흥분과 기쁨에 싸여 때로는 나 자신을 주체할 수 없을 때도 있습니다. 나는 외적인 일을 할 때에 경건과 은거의 시간 이상으로 하나님과 하나가 됩니다.

온전히 의지함

앞으로 내 몸과 마음에 큰 고통이 있을 것이라 예상됩니다. 그러나 내게 일어날 수 있는 최악의 사태는 내가 그토록 즐겨 오던 하나님의 임재 의식을 잃는 것입니다. 그러나 선하신 하나님께서는 나를 절대로 버리지 않으실 것이며, 어떠한 불행을 허락하실지라도 반드시 견딜 수 있는 힘을 주실 것이라고 확신합니다. 그러므로 나는 아무것도 두렵지 않으며 나의 상태에 대해 다른 사람과 상의하려고도 하지 않습니다. 나의 상황에 대해 의논하려고 할 때에는 오히려 더 큰 혼란에 빠집니다.

나는 하나님을 사랑하기 위해서라면 내 목숨도 기꺼이 내놓을 수 있으며 그 어떤 위험도 두렵지 않습니다. 하나님을 온전히 의지하는 것이 천국에 이르는 확실한 길이요, 내 행위를 밝히 비춰 볼 수 있는 방법입니다.

영적 삶을 시작하는 초기에는 자기 본분을 다하고 자신을 부인하는 데 충실해야 합니다. 그런 후에는 말로 표현할 수 없는 기쁨이 따라옵니다. 어려운 일이 생기면 예수 그리스도께만 의지하고 그분의 은혜를 구해야 합니다. 그러면 모든 일이 수월해집니다.

많은 그리스도인이 계속해서 성장하지 못하는 이유는 고행이나 특별한 훈련에만 힘을 쏟고 하나님을 사랑하는 일에는 소홀하기 때문입니다. 우리의 목표는 하나님을 사랑하는 것인데도 말입니다. 이러한 사실은 그들의 행위에서 명백히 드러나며, 이것이 바로 견실한 덕행을 보기 힘든 이유입니다.

하나님께 나아가는 데에는 예술도 과학도 필요하지 않습니다. 오직 하나님께로만 향하고, 하나님만 위하고, 하나님만 사랑하기로 굳게 결심한 마음만 필요할 뿐입니다.

하나님께 나아가는 가장 좋은 방법

4
....

하나님과 끊임없이 대화하는 일에
익숙해질 필요가 있습니다.

끊임없는 대화

하나님께 나아가는 방법에 대해 발견한 것을 솔직하게 이야기하 겠습니다. 모든 것은 하나님께로 나아가는 데 방해가 된다고 생각되 는 것들 전부를 강력하게 거부하는 데 달려 있습니다.

당신은 하나님과 끊임없이 대화하는 일에 익숙해질 필요가 있습 니다. 그 대화는 단순하고 자유로운 것입니다. 하나님께서 늘 친밀 하게 우리와 함께 계심을 상기하고 매 순간 그분께 아뢰야 합니다. 하나님의 뜻을 분별하기 어려운 일이 있을 때에는 그분의 뜻을 알게 해 달라고 도움을 구해야 합니다. 하나님께서 우리에게 요구하시는 것이 분명한 일은 즉시 실행해야 합니다. 행하기 전에는 먼저 모든 것을 하나님께 아뢰고, 일을 마쳤을 때는 감사를 드려야 합니다.

하나님과 대화를 할 때에도 하나님을 찬양하고 경배하며 끊임없이 그분을 사랑해야 합니다. 이 모든 일은 하나님의 무한한 선하심과 완전하심 때문에 해야 합니다.

우리는 죄 때문에 낙심하지 말아야 합니다. 오히려 주 예수 그리스도의 무한한 자비하심을 의지하면서 완전한 확신 가운데 주님의 은혜를 간구해야 합니다. 하나님께서는 우리의 모든 행위에 대해 결코 은혜를 거두시는 법이 없습니다.

나는 그 은혜를 분명히 알 수 있습니다. 내 생각이 하나님의 임재 의식을 떠나 방황하고 있거나 주님의 도우심을 구하는 일을 잊었을 때가 아니라면, 그 은혜를 느끼지 못하는 일은 결코 없습니다.

하나님께서는 우리가 의문을 품고 있는 문제에 대해 언제나 빛을 비추어 주십니다. 다만 우리는 하나님을 기쁘시게 하는 것 외에 다른 의도를 가지고 있어서는 안 됩니다.

순전한 사랑

우리의 성화(聖化)는 우리가 하는 일을 바꾸는 데 있지 않습니다.

오히려 평소 자신을 위해 하던 모든 일을 하나님을 위해 하는 데 있습니다. 그토록 많은 사람이 수단을 목적으로 오해해 자신들의 일을 하는 데에만 집착하고 있다는 것은 안타깝기 그지없는 일입니다. 그들은 이기적이고 인간적인 목표 때문에 이런 일들도 온전히 수행하지 못합니다.

내가 발견한 바로는, 하나님께 나아가는 가장 좋은 방법은 일상적인 일을 수행하는 데 있었습니다. 사람들을 기쁘게 하려는 생각을 버리고 할 수 있는 한 순전히 하나님을 사랑하기 위해서 그 일들을 행하는 것입니다.

기도 시간이 다른 시간과 달라야 한다고 생각하는 것은 큰 착각입니다. 기도 시간에 기도에 매달리는 것과 같이 일을 하는 시간에도 하나님께 꼭 매달려야 합니다.

나의 기도는 다른 무엇도 아니고 오직 하나님의 임재를 느끼는 것입니다. 기도 시간 동안 내 영혼은 하나님의 사랑 외에는 그 어느 것에 대해서도 무감각해집니다. 정해진 기도 시간이 지나도 달라지는 것은 전혀 없습니다. 여전히 하나님과 함께하며 모든 힘을 다해 그분을 찬양하고 송축하기 때문에 나는 계속적인 기쁨 가운데 살게 됩니다. 다만 내가 좀 더 강해져야 할 필요가 있을 때에는 하나님께서 나에게 더 큰 고난을 주시기를 바랍니다.

우리는 하나님을 위해서라면 사소한 일을 할지라도 그것을 피곤하게 여겨서는 안 됩니다. 하나님께서는 그 일이 얼마나 큰지를 보시는 게 아니라 사랑으로 그 일을 행하는가를 보시기 때문입니다.

이러한 생활을 시작했을 때 우리의 노력이 혹시 실패로 돌아갈지라도 절대 놀라서는 안 됩니다. 결국에는 이것이 습관이 되어 자연스럽게 행동하게 될 것이기 때문입니다. 특별한 주의를 기울이지 않아도 분명 아주 큰 기쁨으로 그렇게 하게 될 것입니다.

믿음, 소망, 사랑

신앙생활이란 간단히 말하면 믿음과 소망과 사랑입니다. 우리는 이를 실천함으로써 하나님의 뜻에 부합하게 됩니다. 그 밖의 다른 모든 것은 단지 이 목적을 이루기 위한 수단에 불과하므로 그리 중요하지 않습니다.

믿는 자에게는 모든 것이 다 가능합니다. 소망이 있는 자는 덜 힘들며, 사랑하는 자에게는 모든 것이 쉽습니다. 이 세 가지를 인내로 실천하는 사람에게는 모든 것이 더욱 수월합니다.

이 세상에서 살 동안 할 수 있는 한 완벽하게 하나님을 예배하는 자가 되는 것, 우리는 이것을 목표로 해야 합니다. (우리가 영원토록 소망하는 것이 바로 그것이기 때문입니다.)

영적인 삶을 시작할 때, 우리는 자신이 근본적으로 누구인지를 생각하고 살펴야 합니다. 그러면 우리 자신이 모든 멸시를 받아야 마땅하며 그리스도인이라는 이름으로 불리기에 합당하지 않음을 깨닫게 될 것입니다.

우리는 우리를 괴롭게 하고 건강과 기분 등에 끊임없는 변화를 일으키는 온갖 사건과 불행한 일들을 안팎으로 당할 수밖에 없습니다. 그러므로 다른 사람들 때문에 문제나 유혹, 반대, 갈등을 겪는 것을 이상하게 생각하지 말아야 합니다. 오히려 하나님께서 기뻐하시는 한 그 일들을 참고 견뎌야 합니다. 그 일들은 우리에게 아주 유익하기 때문입니다.

완전함에 이르기를 열망할수록 하나님의 은혜에 더욱더 의지해야 합니다.

오직 주님

5
....

우리는 주님 없이는
아무것도 할 수 없습니다.

나의 아버지, 나의 하나님

여러 책에서 하나님께 나아가는 방법과 경건 훈련 방식에 관한 수많은 설명을 읽어 보았습니다. 이 방법들은 도움이 되기보다는 오히려 혼란을 더 가중시키는 것 같습니다. 나는 어떻게 하면 나 자신이 온전히 하나님의 소유가 될 수 있는지를 추구하기 때문입니다.

나는 모든 것을 버리기로 결심했고, 나 자신을 온전히 하나님께 드렸습니다. 주님의 것이 아닌 것은 모두 포기했습니다. 이렇게 한 이유는 내 죄의 문제를 해결하기 위해서였고, 주님을 향한 사랑 때문이었습니다. 나는 주님 외에는 아무것도 없는 것같이, 절대적으로 아무것도 없는 것같이 살기 시작했습니다. 그리하여 이 세상 전체에 오직 주님과 나밖에 없는 것처럼 살기를 추구하기 시작했습니다.

때로는 단순하게 주님 앞에서 나를 생각하곤 했습니다. 주님은 재판장이 되시고 나는 죄인이 되는 것입니다. 그러나 다른 때에는 주님이 내 마음속에 계시는 것으로 생각했습니다. 나의 아버지로, 나의 하나님으로 생각하는 것입니다.

나는 할 수 있는 한 자주 하나님께 경배했습니다. 그분의 거룩한 임재 안에 생각을 고정시키려 했습니다. 간혹 내 생각이 주님을 떠나 다른 곳을 헤맬 때면 주님의 임재를 떠올리곤 했습니다. 나는 이것이 아주 어려운 일임을 깨달았습니다! 그러나 여러 가지 어려움에도 불구하고 이 훈련을 계속했습니다. 생각이 다른 데에 가 있을지라도 당황하지 않으려고 하면서 말입니다.

나는 정해진 기도 시간에 주님 앞에 있듯이 할 수만 있다면 온종일 주님 앞에 있으려고 했습니다. 하나님을 생각하는 데 방해가 되는 것들은 모두 내 마음속에서 몰아냈습니다. 이 일을 매시간, 매분마다, 심지어 바쁜 일과 중에도 했습니다.

수도원 생활을 시작한 이래로 이 훈련을 계속해 오고 있습니다. 비록 완벽하게 하지는 못해도 이런 추구를 하는 가운데 큰 유익을 얻

나는 오직 주의 사랑을 의지하였사오니
나의 마음은 주의 구원을 기뻐하리이다

시 13:5

었습니다. 실패를 통해 모든 영광을 하나님의 자비와 은혜로 돌려야 한다는 것을 알게 된 것입니다.

거룩한 임재

우리는 주님 없이는 아무것도 할 수 없습니다. 나는 그 누구보다도 훨씬 적은 일밖에는 하지 못합니다. 하지만 나 자신을 주님의 거룩한 임재 앞에 성실하게 드리고, 그분의 얼굴을 늘 내 앞에 모시면 좋은 결과를 얻게 됩니다. 그러면 하나님을 노하시게 하는 일을 하지 않게 되고, 하나님을 기쁘시게 하지 못하는 일은 의도적으로 하지 않게 되는 것입니다. 더욱더 좋은 것은 그런 연습은 거룩한 자유를 가져다주고 하나님과 친밀하게 해줍니다.

우리는 우리에게 필요한 은혜를 구하며 그 구한 것을 얻게 됩니다. 이런 행동을 자주 되풀이하면 마침내 습관이 되어 하나님의 임재가 우리에게 자연스러운 것이 되는 것입니다.

하나님께서 베풀어 주신 그 큰 선하심에 대해 함께 감사드립시다. 나같이 형편없는 죄인을 위해 은총을 베풀어 주신 것을 생각하면 아무리 놀라워해도 지나치지 않은 것 같습니다.

만물이 하나님을 찬양할지어다.

아멘.

한 친구의 증거

6

하나님의 보화는 마치
무한한 바다와 같습니다.

충만한 기쁨

이 기회를 이용하여, 이곳 수도원에 있는 한 사람(로렌스 형제 자신을 칭함)이 하나님의 임재로부터 얻는 놀라운 결과와 그 지속적인 힘에 대해 가지고 있는 감정을 이야기해 보겠습니다. 우리 둘 다 이 감정으로부터 도움을 받을 수 있을 것입니다.

그는 40년 동안 신앙생활을 해 왔습니다. 이 기간 동안 그의 주된 관심은 늘 하나님과 함께 있는 것이었습니다. 하나님을 기쁘시게 하지 못한다면 아무 일도 하지 않고 아무 말도 하지 않으며 아무 생각도 하지 않는 것이었습니다. 그가 이렇게 하는 것은 단지 하나님을 사랑한다는 이유 때문이었습니다. 그리고 하나님은 이보다 훨씬 더 고귀한 분이시기 때문이었습니다.

이 형제는 이제 그런 하나님의 임재에 아주 익숙해져서 언제나 늘 그것으로부터 자양분을 공급받고 있습니다. 이제까지 약 30년 동안 그의 영혼은 지속적인 기쁨으로 늘 충만했습니다. 때로는 그 기쁨이 너무 넘쳐나서 그것에 대한 표현을 자제해야만 했습니다. (그것이 단지 외적인 것으로만 보이는 것을 방지하기 위해서입니다.)

이 형제가 하나님의 임재로부터 조금이라도 오랫동안 벗어나 있으면(이것은 그가 외적인 일을 하고 있을 때 흔히 일어나는 일입니다), 하나님께서 곧 친히 그 형제의 영혼을 깨우셔서 생각을 수습할 수 있게 해주십니다.

이 형제는 하나님의 이런 내적인 이끄심에 대해 정확하고 충성스럽게 응답합니다. 자기 마음을 하나님께 올려 드림으로써, 또는 하나님 앞에 온유하고 사랑하는 자세를 지님으로써, 아니면 사랑이 담긴 말로써 그렇게 합니다. 예를 들면 이렇게 대답하는 것입니다.

"나의 하나님, 나를 보소서. 나를 온전히 주님께 드립니다. 주여, 나를 주님의 마음에 합당한 자가 되게 하소서."

그러면 그의 내면에서 어떤 일이 일어나게 됩니다. 사랑의 하나님께서, 그런 몇 마디 말에도 만족하시는 하나님께서 다시 그의 영혼 중심에 깊이 자리 잡으시는 것을 느끼게 되는 것입니다. 이런 일을 경험한 그는 하나님께서 늘 그의 영혼 깊은 곳에 좌정하고 계신다는 확신을 갖게 되었고, 무슨 일이 있어도 그 사실을 의심할 수 없게 되었습니다.

하나님의 보화

이것을 통해 이 형제가 자기 안에 있는 이 큰 보화를 끊임없이 발견하며 누리는 만족과 즐거움에 대해 판단할 수 있을 것입니다. 그는 이제 보화를 찾으려고 고민하지 않습니다. 자기 앞에 이미 있기 때문입니다. 그는 자기 마음대로 그 보화를 가질 수 있습니다.

이 형제는 때때로 우리의 눈이 멀었다고 불평합니다. 그는 하나님께 너무나도 적게 만족하는 우리가 불쌍하다고 이야기합니다. 그는 이렇게 이야기했습니다.

하나님의 보화는 마치 무한한 바다와 같습니다. 그러나 우리는 잠시 왔다 사라지는 작은 감정의 파도가 밀려오기만 해도 만족합니다. 그런 눈먼 자세로 인해 우리는 하나님을 가로막고 하나님의 은혜의 조류를 흐르지 못하게 합니다. 그러나 하나님께서는 살아 있는 믿음을 가진 영혼을 찾으시면, 그 영혼에게 자신의 은혜와 은총을 충만하게 부어 주실 수 있습니다. 그 은혜와 은총은 마치 급류처럼 영혼 속으로 흘러들어 갑니다. 본래의 흐름이 억지로 막혔던 급류가 일단 길을 찾으면 다시 쏟아져 흐르는 것처럼 말입니다.

그렇습니다. 우리는 이 급류를 막는 일이 종종 있습니다. 그러나 이제는 막지 맙시다. 우리의 영혼을 살펴서 그 급류를 막고 있는 둑을 무너뜨립시다. 은혜가 흐를 길을 만듭시다. 잃은 시간을 보충합시다. 시간이 별로 남지 않았으니까요. 죽음이 우리 가까이에서 따라오고 있습니다. 이 죽음을 예비합시다.

영적으로 전진하는 삶

우리 안을 살펴봅시다. 시간은 신속히 지나가고 우리 영혼은 위기에 처해 있습니다. 나는 당신이 주님의 영을 따르려 한다고 믿고 있습니다. 이 일에 대해 당신을 칭찬하고 싶습니다. 이것은 우리 삶에 꼭 필요한 것이기 때문입니다. 그렇지만 우리는 이 일을 위해 계속 노력하지 않으면 안 됩니다. 왜 그런 걸까요? 영적인 삶에서 전진하지 않는 것은 후퇴하는 것이기 때문입니다. 그러나 성결의 강한 바람을 느끼는 사람은 잠을 잘 때에도 앞으로 나아갑니다!

이르되 주여 내가 주께 은총을 입었거든
원하건대 주는 우리와 동행하옵소서

출 34:9

우리 영혼이 탄 배가 풍랑을 만나 요동할 때는 배 안에서 쉬고 계시는 주님을 깨우도록 합시다. 주님은 우리의 요구를 들으시고 즉시 바다를 잠잠케 하실 것입니다.

나는 당신이 자신의 감정을 비교해 볼 수 있게 하려고 이런 감정을 이야기해 주었습니다. 당신도 꼭 그렇게 해 보시기 바랍니다. 만일 하나님을 향한 감정이 식었다면, 이 이야기가 당신의 감정을 다시 불붙게 하는 데 도움이 될 것입니다.

주님의 임재 가운데 살려고 했던 처음과 본래의 열심을 되찾읍시다. 세상에는 별로 알려지지 않았지만, 주님께서는 잘 아시고 그분께 크게 사랑받은 이 형제의 본과 감정을 통해 우리 함께 격려를 받읍시다.

당신을 위해 기도하겠습니다. 당신도 나를 위해 기도해 주시길 바랍니다.

1685년 11월 3일

최고의 삶

7
....

주님과 지속적으로 동행하는 삶만큼
감미롭고 즐거운 삶은 이 세상 어디에도 없습니다.

마음 비우기

오늘 귀한 자매로부터 우편으로 두 권의 책을 받았습니다. 당신도 알다시피 그녀는 곧 수녀 서약을 할 예정입니다. 그 자매는 당신과 같은 신분을 가지고 있는 사람들의 기도에 대해, 특히 당신의 기도에 대해 물었습니다. 나는 그 자매가 그런 기도들을 아주 중요하게 여기고 있다는 인상을 강하게 받았습니다. 부디 그녀를 실망시키지 맙시다.

그 자매를 위해 주님 앞에 나아갈 때에, 주님께 구하십시오. 그녀가 오직 주님의 사랑 때문에 자신을 바칠 수 있도록, 그리고 오직 주님께만 전적으로 헌신하려는 단호한 결단으로 그렇게 할 수 있도록 기도해 주십시오.

오늘 받은 책들 중에 그리스도의 임재에 대해 다룬 책 한 권을 당신에게 보내드립니다. 이 주제는 영적 생활 전부를 포괄하고 있는 것 같습니다. 주님의 임재 가운데 계속적으로 거하려고 하는 사람은 누구든지 곧 신령한 사람이 될 수 있을 것이라고 생각합니다.

좀 더 이야기하겠습니다. 주님의 임재를 진정으로, 또 적절하게 실천하기 원한다면, 마음속에서 하나님이 아닌 다른 모든 것을 비워 내야 합니다. 왜냐고요? 하나님께서 그런 마음을 소유하기 원하시기 때문입니다. 하나님께서는 그 마음의 유일한 소유자가 되기를 원하십니다. 혼자 가지고 싶어하시는 것입니다.

그러나 다른 모든 것을 비우지 않으면 하나님께서 당신의 마음을 홀로 소유하실 수가 없습니다. 주님을 위해 마음을 비우지 않으면, 주님께서 원하시는 것을 그 마음에 넣어 주실 수 없는 것입니다.

주님과의 동행

우리가 체험할 수 있는 최고의 삶이 어떤 것인지 아십니까? 주님과 지속적으로 동행하는 삶만큼 감미롭고 즐거운 삶은 이 세상 어디

그러므로 누구든지 이런 것에서 자기를 깨끗하게 하면
귀히 쓰는 그릇이 되어 거룩하고 주인의 쓰심에 합당하며
모든 선한 일에 준비함이 되리라

딤후 2:21

에도 없습니다. 주님과의 끊임없는 동행을 실천하여 그것을 체험해 본 사람들만이 내 말이 무슨 뜻인지 이해할 수 있을 것입니다.

단순히 '감미롭고 즐겁기 때문에' 이 길을 가라고 충고하는 것은 아닙니다. 우리가 추구하는 것은 쾌락이 아닙니다. 우리는 이 일을 단 한 가지 동기, 즉 주님을 사랑하기 때문에 해야 합니다. 우리가 주님과 동행하는 것이 주님의 소원이요, 주님의 뜻이기 때문에 우리는 주님과 동행해야 합니다.

내가 만일 설교자라면, 다른 무엇보다도 먼저 그리스도의 임재 안에 거하는 일을 연습하라고 설교할 것입니다. 만일 세상 모든 사람이 귀를 기울이도록 할 수 있다면, 주님의 임재를 실천하라고 조언할 것입니다. 그만큼 나는 이것이 절대적으로 필요하며 또 쉬운 일이라고 생각합니다.

오, 우리에게 하나님의 임재가 얼마나 필요한지 깨달을 수 있다면 얼마나 좋을까요! 모든 일에 주님의 도우심이 절실히 필요하다는 것을 알 수 있으면 좋을 텐데…….

주님이 없으면 우리가 얼마나 무기력한 존재가 되는지 진실로 알게 된다면, 우리는 단 한 순간도 주님에게서 결코 눈을 떼지 않을 것입니다.

거룩한 결단

사랑하는 자매님, 지금 이 순간 결단하십시오. 다시는 고의적으로 주님으로부터 벗어나지 않겠다고 확고하고 거룩한 결단을 내리십시오. 지금 하던 일을 멈추고 남은 인생 동안 주님의 거룩한 임재 가운데 살겠다고 주님과 약속하십시오. 그리고 주님을 향한 사랑으로 다른 모든 즐거움을 포기하십시오.

이것이 가능하냐고요? 물론 가능합니다. 그렇다고 믿으면 가능합니다. 이것에 진심으로 마음을 다하십시오. 당신이 해야 할 일을 다 하면 머지않아서 그 결과를 보게 될 것입니다.

비록 보잘것없지만 기도로 당신을 돕겠습니다.

1685년

온전히 드릴 것

8
....

주님과 계속 동행하십시오.
죽을 때까지 이 일을 계속하십시오.

거룩한 자유

하나님의 임재 안에 거하는 연습 없이 그리스도인의 생활을 할 수 있다는 것은 나로서는 상상도 할 수 없는 일입니다. 나는 주님과 함께 내 영혼의 중심이 되는 곳에 은거하는 시간을 할 수 있는 한 많이 가집니다. 주님과 함께 있는 동안은 아무것도 두렵지 않지만, 주님과 조금이라도 멀어지면 견디기가 힘듭니다.

이 활동이 육체를 피곤하게 하지는 않냐고 물으셨는데, 그렇지는 않습니다. 다만 이에 대해 해둘 말이 있습니다. 때로는, 아니 자주 우리 육체를 위한 소소한 즐거움들을 삼가야 한다는 것입니다. 여기에는 정당하게 누리는 즐거움도 포함됩니다.

하나님께서는 전적으로 당신께만 헌신하려고 하는 그리스도인들이 하나님 한 분 외에 다른 것에서 즐거움을 얻으려는 것을 허용하지 않으십니다. 이것은 지극히 당연한 사실입니다.

오해는 하지 마시기 바랍니다. 우리 자신을 무자비하게 억제해야 한다는 뜻이 아닙니다. 전혀 그런 뜻이 아닙니다. 우리는 거룩한 자유 가운데 주님을 섬겨야 하기 때문입니다.

오히려 우리는 하나님께 생각을 드리면서 괴로워하거나 불안해하지 말고 성실하게 자기가 맡은 일을 해야 합니다. 우리의 생각이 주님을 떠나 방황하고 있을 때는 평정을 유지하는 가운데 그 산만한 생각들을 정리해야 합니다.

이렇게 하기 위해서는 다른 모든 염려를 버리고 온전히 하나님을 신뢰해야 한다는 것을 알게 될 것입니다. 또한 어떤 형식을 갖춘 경건 예배까지도 그것이 좋은 것이기는 하지만 중단할 필요가 있다는 것도 깨닫게 될 것입니다.

그러한 경건 예배는 단지 목적에 이르는 수단에 불과합니다. 당신을 주님의 임재로 이끌기 위해 생긴 것일 뿐입니다. 주님의 임재 안에 있게 되면 형식은 아무런 의미가 없습니다. 주님의 임재 안에 있게 되면 그것으로 목적이 이루어진 것입니다. 그러므로 수단으로 돌아갈 필요가 없습니다. 계속해서 주님과 함께 있으십시오.

고요한 멈춤

당신은 단순히 찬양과 경배, 혹은 소망을 통해 사랑으로 교제하는 가운데 주님과 함께 있는 일을 지속할 수도 있습니다. 아니면 단순한 기다림, 또는 감사의 태도를 유지함으로써 주님의 거룩한 임재 안에 계속 머물 수 있을 것입니다. 당신이 생각해 낼 수 있는 모든 방법을 동원하여 거기에 머물러 있으십시오.

이런 활동을 시작하면서 초기부터 낙심하지는 마십시오. 당신의 본성은 하나님 앞에서 이렇게 고요하게 멈춰 있는 것을 견디지 못할 것입니다. 본성을 단호하게 억누르십시오. 부인하십시오.

이 교제가 귀중한 시간을 낭비하는 것이라고 생각할 수도 있습니다. 그러나 그런 생각에 전혀 관심을 두지 마십시오. 주님과 계속 동행하십시오. 어떠한 어려움이 닥치더라도 죽을 때까지 이 일을 계속하십시오.

당신과 같은 처지에 있는 사람들을 위해, 특히 당신을 위해 기도하겠습니다.

몇 가지 실제적인 제안

9
....

믿음으로 행하십시오. 다만 사랑과
깊은 겸손을 가지고 나아가십시오.

감사드리기

내 느낌들을 이야기해 보겠습니다. 당신의 나이는 이제 예순넷입니다. 그리고 나는 거의 여든이 다 되어 가고 있습니다. 이제는 주님과 함께 살고 주님과 함께 죽는 것이 어떻겠습니까? 지금 하고 있는 세상일들을 가족들 손에 맡기고 여생을 하나님께 예배드리는 데에만 바칠 수 있다면 정말 좋을 것입니다.

주님은 우리에게 무거운 짐을 지우지 않으십니다. 다만 할 수 있는 한 자주 주님을 생각하기를 원하실 뿐입니다. 그리하여 주님께 우리의 경배를 드리고, 그분의 은혜를 위해 기도하기를 원하시는 것입니다.

섭섭한 일이 있다면 주님께 토로하십시오. 수시로 주님을 생각하면서 주님께 받은 은택들에 대해 조용히, 그리고 순전하게 감사를 드리십시오. 환난 중에 있을 때 당신에게 부어 주신 은택에 대해서도 감사를 드리십시오. 주님께서는 당신이 주님께로 올 때마다 당신을 위로하십니다.

음식을 먹을 때에도 주님께 감사드리십시오. 함께하는 사람이 있을 때에도 그렇게 하십시오. 아주 잠깐만 주님을 기억해도 주님께서는 언제나 기뻐 받으십니다. 소리 내어 이야기하지 않아도 됩니다. 주님께 감사를 드릴 때면 주님은 아주 가까이에서 들으십니다.

담대한 도전

그리스도 안에 있는 자매님, 당신은 주님의 임재에 들어가기 위해 꼭 '교회에 가야 할 필요'는 없습니다. 당신 혼자 힘으로도 주님께 나아갈 수 있습니다. 당신 안에 계신 주님께로 나아갈 때 당신의 마음을 표현하는 법을 익히십시오. 주님께 이야기하십시오. 온유와 겸손과 사랑으로 이야기하십시오.

어느 누구나 주님과 아주 친밀한 대화를 할 수 있습니다. 다른 사람들에 비해 이 일이 비교적 쉽게 느껴지는 사람들도 있을 것입니다. 그러나 명심하십시오. 주님은 그것도 알고 계십니다! 그러므로 시작하십시오. 이 일이 쉬운 사람이든 어려운 사람이든 그것은 중요하지 않습니다. 그냥 시작하십시오. 주님은 당신이 어떤 부류에 속하는 사람인지 알고 계십니다. 어쩌면 주님께서는 당신이 시작하기로 결심하기만을 기다리고 계실지도 모릅니다. 그러므로 결심하십시오. 지금 당장 말입니다.

범사에 감사하라
이것이 그리스도 예수 안에서
너희를 향하신 하나님의 뜻이니라
살전 5:18

담대하게 도전하십시오. 우리는 살날이 얼마 남지 않았습니다. 다시 말하지만, 여생을 주님과 함께 삽시다. 혹시 고난을 겪는다 해도 주님과 함께 사는 동안에는 그것이 달콤하게, 아니 즐겁게 여겨질 것입니다. 그리고 자매님, 주님이 없으면 제아무리 큰 즐거움도 우리에게는 고뇌에 지나지 않을 것입니다.

주님께서 우리 모두에게 복 주시기를 원합니다. 아멘.

온 마음을 주님께

마지막으로 한 말씀 드리겠습니다. 지금부터 주님을 예배하는 일을 조금씩 익혀 나가십시오. 주님께 은혜를 구하십시오. 당신의 온 마음을 드리십시오. 일을 하는 중에도 거듭거듭, 할 수만 있으면 언제나 주님께 당신의 마음을 드리십시오. (이 일은 말 한마디 입 밖에 내지 않고도 할 수 있습니다. 아니면 주님을 향한 당신의 사랑을 조용히 소리 내어 속삭임으로써 당신의 마음을 표현할 수도 있습니다.)

많은 규칙이나 형식, 방법 등을 만들어 그것에 짓눌리지는 마십시오. 믿음으로 행하십시오. 그냥 나아가십시오. 다만 사랑과 깊은 겸손을 가지고 나아가십시오.

보잘것없지만 당신을 위해 기도하겠습니다.

그 어느 방법보다 나은 것

10
....

나는 오직 주님만 바랍니다. 그리고
온전히 주님께 바쳐지기를 원합니다.

순수한 사랑

며칠 전 나는 어느 경건한 형제와 함께 이야기를 나누었습니다.
그는 영적인 삶은 세 단계를 거쳐 도달하는 평화의 삶이라고 이야기
했습니다. 그 단계는 두려움에서 시작되어 두려움이 영생에 대한 소
망으로 바뀌었다가 순수한 사랑으로 완성된다고 했지요. 그는 이 세
가지 상태는 각기 다르며, 결국은 복된 완성의 상태에 이르게 된다
고 했습니다.

나는 이 방법을 결코 따르지 않았습니다. 그런 방법들에 대해 너

무나도 실망했기 때문입니다. 그래서 나는 그와는 달리 나 자신을 주님께 드리기로 한 것입니다.

이렇게 나 자신을 드리는 일은 내 죄에 대해 내가 할 수 있는 최선의 길이었습니다. 나는 주님을 향한 순수한 사랑이 있을 때에만 다른 모든 염려와 세상의 흥미들을 버릴 수 있다는 것을 알았습니다.

하나님을 찾던 초기 시절, 나는 특정한 시간을 따로 떼어 놓고 죽음, 심판, 천국, 지옥, 나의 죄 등에 대해 생각했습니다. 그런 일을 수년 동안 했습니다. 그러나 그 시간 외에는 조금 다른 일을 하기 시작했습니다. 나머지 시간 동안에는, 심지어 일을 하는 중에도 하나님의 임재를 깊이 생각한 것이지요. 나는 하나님이 나와 함께, 아니 내 안에 계신다고 늘 생각했습니다.

그러다가 마침내 나는 그 정해진 기도 시간을 어떤 특정한 형태의 경건 시간으로 사용하지 않기로 했습니다. 나에게 기쁨과 위로가 되었던 시간이긴 했지만 말입니다. 대신 그 규칙적인 경건 시간도 나머지 시간처럼 보내기 시작했습니다. 하나님의 임재를 의식하는 데 몰두한 것입니다.

이 새로운 행동은 주님의 고귀하심을 더 깊이 보여 주었습니다. 방법도 아니요, 두려움은 더더욱 아닌 오직 믿음만이 하나님께 나아가는 일에 만족을 줄 수 있었습니다. 그것이 나의 시작이었습니다.

단순한 믿음

시작은 그러했지만, 처음 10년 동안은 무척이나 괴로웠습니다. 내가 바라는 만큼 하나님께 나를 헌신하지 못할까 봐 두려웠고, 지난날의 죄가 늘 내 앞에 있었습니다. 그리고 자격 없는 내게 하나님께서 은총을 베풀어 주신다는 것이 합당하지 못하다고 생각되었습니다! 이런 것들이 바로 나를 고민하게 만든 원인이었습니다.

이 기간 동안 나는 자주 넘어지고, 또 그만큼 자주 다시 일어섰습니다. 때로는 모든 피조물과 이성적인 생각, 심지어는 주님마저도 나를 대적하는 것 같았습니다. 오직 믿음만이 내 편이었습니다.

하나님으로부터 은총과 자비를 받았다고 믿는 것은 순전히 주제넘은 생각일지 모르며, 다른 사람들은 힘들게 도달하는 곳에 나는 즉시 이른 척하는 게 아닌가 하는 생각에 괴롭기도 했습니다. 간단한 방법으로 하나님과 만나는 것은 단지 내 편에서의 의도적인 기만이며, 그것은 구원받지 못할 행동일 거라는 생각까지 들었습니다.

그런데 놀랍게도 그런 모든 두려움과 의심 때문에 하나님에 대한 믿음이 약해지기는커녕 오히려 믿음이 더욱 커졌습니다. 마침내 나는 이런 괴로움과 불안의 시간을 야기하는 생각들을 모두 던져 버려야 한다는 것을 깨달았습니다. 그 즉시 나는 변화되었습니다. 그토록 괴로워하던 내 영혼은 그때부터 깊은 내적 평화와 안식을 느끼기 시작했습니다.

그 이래로 나는 단순한 믿음으로 하나님 앞에서 행하고 있습니다. 사랑과 겸손 가운데 주님 앞을 거닙니다. 이제 내게는 오직 한 가지 일만 있을 뿐입니다. 하나님을 기쁘시게 하지 못하는 말이나 일을 하지 말고, 하나님의 임재 안에 나 자신을 부지런히 드리는 것입니다. 내가 할 수 있는 일을 다 하고 나면, 하나님께서 기뻐하시는 일을 내게 행하시리라 기대합니다.

절대적인 순종

그 이후 많은 시간이 흘러갔습니다. 지금 내 상태는 고통도 의심도 없습니다. 나에게는 하나님의 뜻밖에 없기 때문입니다. 나는 그 뜻에 절대적으로 순종하기 때문에 하나님을 거스르거나 하나님을 향한 사랑이라는 동기가 아니면 땅 위의 지푸라기 하나도 줍지 않습니다.

나는 의무적인 것 외에는 모든 형식적인 경건 생활이나 정해진 기도를 그만두었습니다. 지금 나의 유일한 일은 주님의 거룩하신 임재 안에 계속 머무는 것입니다. 주님을 향한 단순하고 사랑 넘치는 관심으로 이 일을 합니다. 그러면 하나님의 임재를 실제로 체험합니다. 이것을 다른 말로 하면, 내 영혼과 하나님 사이에 은밀한 대화를 나누는 것입니다.

"다른 일들로 생각이 산만해지면 어떻게 합니까?" 나는 이런 질문을 자주 받습니다. 이런 일은 때로는 필요하기 때문에, 때로는 연약하기 때문에 일어납니다. 그러나 하나님께서 곧 돌이켜 주십니다. 나는 매우 아름답고 감미로운 내적 감정 또는 내적 감각에 이끌리기 때문에 그것을 정확하게 설명하지 못합니다.

내가 하는 말 때문에 지나치게 감동 받지는 마십시오. 당신은 나의 연약함을 잘 알고 있습니다. 그러므로 그것들을 잘 기억하십시오. 나는 주님께서 베풀어 주신 그 큰 은총을 받을 자격이 전혀 없으며 그것에 대해 감사하지도 못하고 있습니다.

나에게는 정해진 기도 시간이 나머지 시간과 똑같습니다. 하나님의 임재 안에 있는 연습 시간이 연장된 것입니다. 때로 나는 나 자신이 마치 조각가 앞에 놓인 돌 같다고 여겨집니다. 동상으로 만들어질 준비를 하고서 말이지요. 때로는 기도할 때에, 전혀 노력하지 않았는데도 나의 영과 혼이 완전히 들려 올려져서 바로 하나님의 존재의 중심에 있는 것 같은 기분이 듭니다.

하나님 안에서의 안식

어떤 사람들은 이 상태가 게으름과 착각, 자기 사랑에 지나지 않는다고 말합니다. 나는 그것이 거룩한 게으름이라고 생각합니다. 그리고 만일 이런 상태에 있는 영혼이 자신을 사랑할 수 있다면, 그것은 행복한 자기 사랑입니다. 그러나 실제로는 그와 정반대입니다. 영혼은 하나님 안에서 안식할 때에는 늘 해 왔던 이기적인 행동을 하지 않습니다. 오직 하나님만 사랑하게 되는 것입니다.

나는 이것을 '착각'이라고 여기는 것도 용납하지 못합니다. 나의 속사람이 하나님의 임재 가운데 있으며 그를 즐거워할 때는 하나님 외에는 아무것도 바라지 않습니다. 만일 이것이 착각이라면 하나님께서 그것을 고쳐 주실 것입니다.

주님, 주님께서 원하시는 대로 하소서. 나는 오직 주님만 바랍니다. 그리고 온전히 주님께 바쳐지기를 원합니다.

어느 병사에게 주는 충고

11
....

내적 예배의 행위 하나로도
주님을 충분히 모셔 들일 수 있습니다.

주님께서 허락하시는 고통

당신의 아들에 대한 편지에서 그가 군대에서 당하고 있는 문제,
즉 그가 당한 사고와 이에 대한 당신의 염려를 알 수 있었습니다.

우리와 함께 계시는 하나님은 무한히 은혜로우시며 우리의 모든
필요를 아십니다. 나는 늘 하나님께서 당신을 극단적인 상황으로 이
끌어 가시리라고 생각했습니다. 하나님께서는 이런 방법을 통해서
하나님의 때에, 그리고 우리가 전혀 예상하지 못한 때에 우리에게 임
하시기 때문입니다.

그러면 당신은 어떤 자세를 가져야 하겠습니까? 하나님께서 이런 일을 당신에게 일어나게 하실 때 당신은 주님께 어떤 반응을 보이고 있습니까?

　　당신은 이제 주님 안에서 이전보다 훨씬 더 많은 희망을 가져야 합니다. 내가 하나님께 감사하는 것처럼 당신도 하나님께서 주시는 은총에 대해 감사하십시오. 무슨 은총이냐고요? 당신이 고난을 겪는 동안 하나님께서 주시는 꿋꿋함과 인내를 말합니다. 그것은 하나님께서 당신을 돌보고 계신다는 분명한 증거입니다. 그러므로 주님으로 인하여 자신을 위로하십시오. 그리고 범사에 주님께 감사드리십시오.

　　나는 당신의 아들이 꿋꿋하고 담대하다는 데에 찬사를 보냅니다. 하나님께서 그에게 좋은 기질과 선한 뜻을 주셨습니다. 그러나 나는 아직도 그에게 세상적인 마음과 젊은 혈기가 다소 남아 있을까 염려됩니다.

　　주님께서 허락하신 고통이 그에게 좋은 약이 되기를 바랍니다. 그리하여 그가 잠시 쉬면서 자신을 잘 살필 수 있기를 바랍니다. 그에게 일어난 사고는 그가 어디를 가든지 실제로 늘 동행하시는 주님을 전적으로 신뢰하게 만드는 계기가 될 것입니다.

내가 고통 중에 여호와께 부르짖었더니
여호와께서 응답하시고 나를 넓은 곳에 세우셨도다

시 118 : 5

마음을 하나님께로

그러나 늘 함께 계시는 하나님을 그가 어떻게 해야 의식할 수 있을까요? 그것은 아주 간단합니다. 할 수 있는 한 자주 주님을 생각하게 하는 것입니다. 특히 위험에 처할 때는 더욱 그렇습니다. 마음을 조금만 하나님께로 돌리면 됩니다. 주님을 조금만 기억해도, 다시 말해서 내적 예배의 행위 하나로도 주님을 충분히 모셔 들일 수 있습니다.

행군할 때든 손에 칼을 들고 있을 때든 언제나 마찬가지입니다. 이렇게 주님의 임재를 경험하는 짧은 순간은 위험에 처한 병사의 용기를 감소시키기는커녕 오히려 그를 더 담대하게 만듭니다.

그러므로 이 젊은이가 할 수 있는 대로 그의 마음을 하나님께 두게 하십시오. 그는 이 간단한 활동에, 별것 없지만 이 거룩한 활동에 조금씩 익숙해질 수 있습니다. 아무도 그것을 알아보지는 못할 것입니다. 그렇지만 이런 작은 내적 예배를 간헐적으로 온종일 드리는 일은 그 어느 일보다 어렵습니다.

하나님께서 당신과 당신의 아들을 도우시리라 믿습니다.

1688년 10월 12일

산만한 생각 정리하기

12
....

매일 하나님의 임재 가운데
마음을 굳게 지키십시오.

마음 훈련

당신의 경험은 특별한 것이 아닙니다. 거의 모든 사람이 생각이 산만하다는 문제를 가지고 있습니다. 마음은 정말로 변덕스럽습니다. 그러나 의지는 우리의 다른 모든 기능을 다스리고 있기 때문에, 의지를 사용하면 마음을 정리해 생각을 하나님께 드릴 수 있습니다.

나도 처음 시작할 때는 마음이 훈련되지 않았습니다. 훈련이 부족했기 때문에 최초로 시도한 경건의 노력은 산만하고 흩어지는 마음으로 방해를 받았습니다. 그런 습관은 극복하기 어렵습니다. 우리의 의지와는 상관없이 그 습관이 우리를 세상일들로 이끌어 가는 경우가 흔합니다.

이에 대한 한 가지 해결책은 우리의 허물을 자백하고 하나님 앞에서 자신을 낮추는 것이라고 믿습니다. 이런 기도를 할 때는 말을 많이 하지 말라고 말씀드리고 싶습니다. 장황하게 이야기를 늘어놓다 보면 생각이 산만해질 수 있습니다.

대신 이렇게 하십시오. 자신을 주님 앞에 붙들어 두십시오. 거지가 부잣집 대문 앞에 잠자코 앉아 있는 것처럼 주님 앞에 머물러 있으십시오. 주님의 임재에 마음을 고정시키는 것을 당신의 일로 삼으십시오.

때로 마음이 주님을 떠나 방황한다 해도 그 때문에 속상해하거나 불안해하지는 마십시오. 고민이나 불안은 마음을 정리해 주기보다는 오히려 주님으로부터 더 멀어지게 합니다. 평정을 유지하는 가운데 의지를 발휘해 마음을 돌이키도록 해야 합니다. 이런 식으로 끈질기게 노력하면 주님께서 당신을 불쌍히 여기실 것입니다.

마음 지키기

기도 시간에 마음을 쉽게 정리하여 평정한 상태를 유지할 수 있는 한 가지 방법은 기도 시간이 아닌 다른 때에도 마음이 산만해지지 않도록 단속하는 것입니다. 매일 하나님의 임재 가운데 마음을 굳게 지키십시오. 마음을 자주 주님께로 돌리는 일에 익숙해지십시오. 이렇게 하다 보면, 기도 시간에 마음을 고요하게 유지하거나 마음이 산만해질 때 다시 정리하는 일이 훨씬 수월해질 것입니다.

진지하게 이 훈련을 시작합시다. 그리고 서로를 위해 기도합시다.

모든 영적 문제의 해결책

13
....

적극적이고 넘쳐흐르는 사랑을 가지고
주님이 아닌 것은 모두 버립시다.

하나님의 기쁨

당신의 편지를 보면, 당신의 친구는 주님을 향하여 선한 뜻을 가지고는 있지만, 주님의 은혜보다 앞서 나아가려고 하는 것 같습니다. 그리스도인은 자기 스스로 아무리 애를 쓸지라도, 그 어떤 체험을 할지라도, 단번에 거룩해질 수는 없습니다. 당신이 친구를 돌보아 주면 좋겠습니다. 우리는 서로를 격려하고 선한 본을 보이면서 서로를 더욱더 도와야 합니다.

이 세상에서 우리가 해야 할 유일한 일은 하나님을 기쁘시게 하는 것이며, 주님 외의 다른 모든 것은 다 어리석고 헛될 뿐이라는 사실을 자주 상기해야 합니다.

당신과 나는 오랫동안 수도원 생활을 하고 있습니다. 우리는 그 기간을 하나님을 사랑하는 데 사용했습니까? 거두절미하고 우리가 부름 받고 선택받은 것은 오직 주님의 자비에 의해서입니다. 무슨 목적으로 그렇게 되었을까요? 바로 하나님을 사랑하게 하시기 위해서입니다!

하나님께서 나에게 부어 주신, 그리고 지금도 끊임없이 부어 주시고 계신 그 큰 은총을 생각하면, 한편으로 그 자비와 은총을 온전히 활용하지 못해 부끄럽기 그지없고, 또 한편으로는 내 삶이 완전함에 이르는 길에서 별로 진보하지 못했다는 생각이 듭니다. 그러나 감사하게도 하나님께서는 그 자비하심으로 우리에게 시간을 좀 더 주셨습니다. 그러니 진지한 자세로 시작해 봅시다.

사랑하는 자매님, 잃어버린 시간을 보충합시다. 온전한 확신을 가지고 자비를 주시고 은혜를 부어 주신 주님께로 돌아가십시오. 언제 어느 때든지 당신을 정말로 기꺼이 받아 주려 하시는 당신의 아버지께로 돌아가십시오. 덧붙일 것은, 그분은 가장 깊은 애정을 가지고 당신을 받아 주실 것이라는 사실입니다.

적극적이고 넘쳐흐르는 사랑을 가지고 주님이 아닌 것은 모두 버립시다. 분명 그분에게는 그럴 만한 가치가, 아니 그 이상의 가치가 있습니다. 영원히 그분을 생각합시다. 우리 함께 우리의 모든 신뢰를 완전히 그분께 두도록 합시다. 이렇게 하면 곧 그 효과가 나타나리라는 것을 전혀 의심치 않습니다.

그리스도 외에는 모든 것을 잃은 것처럼 보일 수도 있습니다. 그러나 그분의 은혜를 풍성히 받으면 그것으로 충분합니다! 그 풍성한 은혜로 우리는 모든 것을 다 할 수 있습니다. 그 은혜가 없으면 우리는 죄밖에 짓지 못합니다.

거룩한 습관

하나님의 실제적이고 지속적인 도움이 없다면 이 세상에 널려 있는 위험들을 피할 길이 없습니다. 그러므로 계속 우리를 도와주시기를 주님께 기도합시다.

그런데 우리가 하나님과 함께 있지 않다면 어떻게 그분께 기도할 수 있겠습니까? 하나님을 자주 생각하지 않고서 어떻게 하나님과 함께 있을 수 있겠습니까? 하나님의 임재 가운데 있는 거룩한 습관을 들이지 않고서 어떻게 자주 그분을 생각할 수 있겠습니까?

내가 늘 같은 말만 한다고 말씀하실지도 모르겠습니다. 맞는 말씀입니다. 왜냐하면 이것은 내가 아는 가장 좋고 가장 쉬운 방법이기 때문입니다. 여기에 다른 모든 영적 문제에 대한 해결책이 있습니다. 나는 다른 방법을 모르기 때문에 온 세상을 향하여 이 방법을 따르라고 권하는 것입니다.

이렇게 설명해 보겠습니다.

사랑할 수 있으려면 알아야 합니다. 누군가를 사랑할 수 있으려면 먼저 그 사람을 알아야 합니다. 어떻게 하면 주님을 향한 '첫사랑'을 유지할 수 있을까요? 끊임없이 주님을 알아 가면 됩니다.

그러면 어떻게 해야 주님을 알 수 있을까요? 자주 주님께로 돌이키고, 주님을 생각하고, 주님을 바라봐야 합니다. 그러면 우리의 보화가 있는 곳에 우리 마음이 있게 될 것입니다.

이것은 당신이 생각해 봐야 할 가치 있는 이야기입니다!

반가운 고난, 반가운 고통

14
....

늘 주님과 함께 있으십시오. 그것이 당신이
괴로울 때에 유일한 힘과 위로가 됩니다.

복 있는 사람

고난은 언제나 고통스럽습니다. 육체적 고난이든 영혼의 고난이든 다 마찬가지지요. 그러나 나는 당신이 고난을 겪고 있는 것을 알고는 있지만, 당신을 그 고통에서 건져 달라고 기도하지 않습니다. 오히려 그와는 반대로 기도합니다. 하나님께서 기뻐하시는 한 그것을 견뎌낼 수 있는 힘과 인내심을 주시길 간절히 기도하고 있는 것입니다.

하나님께서는 당신을 십자가에 매다셨습니다. 당신도 자신을 십

그러나 내가 가는 길을 그가 아시나니
그가 나를 단련하신 후에는
내가 순금 같이 되어 나오리라

욥 23:10

자가에 매달 수 있겠습니까? 당신을 십자가에 매단 바로 그분에게서 위로를 찾으십시오. 그분께서 적합하다고 생각하시면 당신을 십자가에서 풀어 주실 것입니다.

주님에게서 당신의 힘을 찾으십시오. 주님께서 당신에게 주신 그 인내할 수 있는 힘을 찾으십시오. 주님과 함께 고난을 겪는 사람은 복 있는 사람입니다.

세상 사람들은 이 진리를 이해하지 못합니다. 그것은 이상한 일이 아닙니다. 그들은 그리스도인들처럼 고난을 겪지 않습니다. 그들은 그리스도인들과는 다른 세계에 있습니다. 아픔을 본질상 뭔가 잘못된 것으로 여기지 그것을 하나님의 은총으로 생각하지는 않습니다. 고통을 그런 관점에서 바라보면, 고통 속에는 아무것도 없고 다만 슬픔과 괴로움만 있을 뿐입니다.

그러나 아픔을 하나님의 손에서 오는 선물로, 다시 말해서 아픔을 하나님의 자비의 표현으로 받아들이고 우리에게 완전한 구원을 주시기 위해 사용하시는 도구로 여기게 되면, 고난은 아주 달콤한 것이 됩니다. 그것은 당연한 것이며 심지어 위로가 되기까지 합니다. 어떤 의미에서 보면 하나님께서는 당신이 아플 때 당신 곁에 더욱 가까이 계시는 것입니다.

치료자 되시는 주님

다른 어떤 의사에게도 의지하지 마십시오. 내가 이해한 바에 따르면, 주님께서는 이에 대한 치료를 친히 맡으십니다. 주님께서 주님의 때에 당신의 아픔을 치료하실 것입니다. 그러므로 전심으로 주님을 신뢰하십시오. 그러면 당신은 머지않아서 회복될 것입니다. 우리는 하나님보다 세상의 치료 방법을 더 신뢰하여 우리의 회복을 지체시키는 경향이 있습니다.

우리가 쓰는 약도 하나님께서 허용하시는 정도까지만 효과가 있습니다. 그 고통이 하나님에게서 온 것일 경우에는 오직 하나님만이 그 고통을 없애실 수 있습니다. 주님은 우리 영혼의 질병을 고치시기 위해 종종 육체에 질병을 주시기도 합니다.

지존하신 주님에게서 위로를 찾으십시오. 그분은 육신과 영혼을 모두 고치시는 치료자이십니다.

주님과 함께 살고 주님과 함께 죽고

사랑하는 친구여, 하나님께서 당신에게 주신 여건에 만족하기 바랍니다. 당신이 나를 얼마나 행복한 사람으로 생각할지 모르나 나는 당신이 부럽습니다. 주님께서 나와 함께 계시는 한 고통과 고난은 나에게 낙원입니다. 이 세상에서 가장 큰 즐거움일지라도 하나님

없이 누려야 하는 것이라면 나에게는 지옥입니다. 내게 필요한 모든 위로를 나는 고난이라는 특권 속에서 찾을 수 있습니다. 고난을 겪는 것은 하나님의 뜻이기 때문입니다.

머지않아 나는 하나님께로 가야 합니다. 이 세상에서 나에게 위로가 되는 것은 지금 내가 믿음으로 주님을 볼 수 있다는 것입니다. 믿음으로 주님을 보다 보면, 때로는 주님이 너무나 잘 보이기 때문에 "이제는 주님을 믿는 것이 아닙니다. 주님을 봅니다!" 라고 말하게 됩니다.

나는 믿음이 가르치는 것들을 느낄 수 있습니다. 이것은 나에게 커다란 확신을 줍니다. 그 믿음이 내게 말하는 것을 확신하면서, 또한 그 믿음대로 실천하면서 나는 주님과 함께 살고 주님과 함께 죽을 것입니다.

그러므로 늘 주님과 함께 있으십시오. 그것이 당신이 괴로울 때에 유일한 힘과 위로가 됩니다.

주님께서 당신과 함께 계시기를 간구합니다.

우리를 이끄시는 하나님의 방법

15
....
주님의 임재 가운데 살고
주님의 임재 가운데 죽읍시다.

믿음의 힘

늘 하나님의 임재 가운데 있는 일에 온전히 익숙해지면, 우리의
모든 질병은 이 임재로 인해 크게 가벼워질 것입니다. 주님은 우리에
게 종종 약간의 고통을 허락하시기도 합니다.*

주님께서 그렇게 하시는 데에는 두 가지 이유가 있습니다. 영혼을
정결하게 하고 우리로 하여금 자신의 임재 가운데 계속 있을 수밖에

---

* 그리스도인이 가장 고질적으로 경험하는 것은 첫째, 장기간의 심한 고통과 고난이고, 둘째, 하나님의 임재를
상실하는 것입니다. 로렌스 형제는 이번 편지에서 이 두 가지에 대해 깊이 있게 다루고 있습니다.

없게 하시려는 것입니다(그럴 필요가 없을 경우에는 고난을 통하여 우리를 그분의 임재로 돌이키시려는 것입니다).

현재 당신이 처한 곤경 속에서 무슨 일을 할 수 있겠습니까? 늘 쉬지 않고 당신의 고통을 주님께 아뢰십시오. 주님께 그 고통을 이길 수 있는 힘을 달라고 기도하십시오. 그러나 다른 무엇보다도 하나님을 즐거워하는 습관을 들이십시오. 하나님을 잊는 것은 있을 수도 없는 일이 되게 하십시오.

고통당할 때에는 하나님을 그냥 경배하십시오. 수시로 자신을 하나님께 드리십시오. 가장 심한 고통을 당할 때에는 하나님께 그냥 간구하십시오. 아주 겸손하게 그리고 아주 큰 사랑을 가지고 주님의 뜻에 순종할 수 있게 해 달라고 간구하십시오. 기도를 통해 당신을 최대한 돕겠습니다.

하나님께서는 우리를 자신에게로 이끄시는 방법을 수없이 많이 가지고 계신 것 같습니다. 하나님께서 사용하시는 가장 특별한 방법은 아마도 우리에게서 하나님 자신을 숨기시는 방법일 것입니다.

하나님을 찾을 수 없을 때는 무슨 일을 할 수 있을까요? 그 열쇠는 바로 믿음에 있습니다. 믿음은 그런 때에 당신을 실망시키지 않을 방법, 어쩌면 유일한 방법일지 모릅니다. 믿음을 당신의 힘으로 삼으십시오. 믿음이 당신의 신뢰의 기초가 되어야 합니다. 하나님께서 당신을 떠나신 것 같을 때에는 하나님에 대한 당신의 믿음을 사용해야 합니다.

하나님에 대한 확신

당신은 나에 대해서 물었습니다. 나는 늘 행복합니다. 온 세상이 괴로워하고 있는 지금, 나는 가장 혹독한 징계를 받아 마땅한 데도 기쁨이 그토록 크고 끊임없어서 괴로움을 느낄 겨를이 없습니다!

당신이 겪고 있는 고난을 내게 나누어 달라고 하나님께 기꺼이 구할 수 있습니다. 그러나 나는 너무도 연약하여 한 순간이라도 하나님께서 나를 혼자 내버려 두신다면, 세상에서 가장 비참한 사람이될 것입니다. 하지만 하나님께서 나를 혼자 내버려 두시리라는 것은 상상도 할 수 없습니다. 당신도 알다시피 믿음은, 하나님께서는 결코 나를 버리지 않으신다는 강력한 확신을 줍니다.

그렇습니다. 나는 하나님의 임재를 끊임없이 지각합니다. 그러나 그런 지각을 잃을 경우에는, 믿음으로 하나님께서 나와 함께 계신다고 확신합니다.

하나님을 떠나는 것을 두려워하십시오. 이 한 가지 두려움 외에는 그 어떤 두려움도 가지지 마십시오. 늘 주님과 함께 있으십시오. 주님의 임재 가운데 살고 주님의 임재 가운데 죽읍시다.

고통, 어떻게 할 것인가

16
·········

하나님을 사랑하면 주님으로 인해
즐겁고 담대하게 고통을 감당할 수 있습니다.

사랑의 증거

당신이 그토록 오랫동안 고난을 겪고 있는 것을 보면 나도 괴롭습니다. 그러면서도 그 고난은 하나님께서 당신을 사랑하시는 증거라는 사실에서 위로를 받습니다. 자신의 고난을 그런 시각에서 본다면, 고통을 더 쉽게 견딜 수 있을 것입니다.

전에도 말했지만, 약 먹기를 포기하고 당신 자신을 온전히 하나님의 주권과 섭리에 맡겨야 할 것 같다는 생각이 듭니다. 하나님께서도 어쩌면 당신이 그렇게 포기하고 하나님을 신뢰하기만을 기다리고 계실지도 모릅니다. 내 말을 잘 생각해 보기 바랍니다. 치유를 위해 수많은 노력과 고민을 했지만 의학적인 방법은 당신에게 전혀 도움을 주지 못했습니다. 그러는 사이에 오히려 병세만 더 심각해졌습니다. 당신 자신을 하나님의 손에 맡기고 모든 것을 하나님께 기대하는 것은 너무 어려운 일일까요?

하나님의 도우심

지난번 편지에서 나는 주님은 때때로 육체의 질병을 허락하심으로써 영혼의 병을 고치려 하신다고 했었습니다. 용기를 가지십시오. 이 한계를 오히려 기회로 삼으십시오.

주님께 나아가서 당신의 고통을 사라지게 해 달라고 간구하지 말고, 그 대신 고통을 감당할 수 있는 힘을 달라고 하십시오. 주님을 향한 깊고 강한 사랑을 달라고 구하십시오. 주님을 기쁘시게 할 수 있는 것은 무엇이든지 달라고 하십시오. 주님께서 원하시는 것을 달라고 기도하고, 또 주님께서 기뻐하시는 대로 당신에게 하시라고 구하십시오.

그런 기도는 하기가 조금 어렵습니다. 영혼의 본성과는 반대되기 때문입니다. 그러나 그것은 하나님께서 받으실 만한 것입니다. 주님을 사랑하는 사람들에게는 이것이 즐거운 포기의 기도입니다. 사랑은 고통을 즐겁게 만듭니다. 하나님을 사랑하면 주님으로 인해 즐겁고 담대하게 고통을 감당할 수 있습니다.

꼭 그렇게 하기를 간절히 바랍니다. 주님을 당신의 위로로 삼으십시오. 우리의 모든 필요를 채워 주실 수 있는 분은 위대한 의사이신 주님뿐이십니다. 주님은 병든 자의 위로자요, 고통받는 자의 아버지이십니다. 하나님께서는 언제나 당신을 도우려고 하고 계십니다. 그러나 하나님은 당신이 원하는 방법이 아닌, 하나님이 기뻐하시는 방법대로 도우십니다.

하나님은 당신을 사랑하십니다. 당신을 향한 하나님의 사랑은 당신이 상상할 수 있는 것보다 무한히 큽니다. 그러면 당신은 어떻게 해야 할까요? 하나님을 사랑하십시오. 그리고 당신의 위로를 주님에게서, 오직 주님에게서만 구하십시오.

이 말을 받아들이실 줄로 믿습니다. 안녕히…….

비록 보잘것없지만 기도를 통해 당신을 돕겠습니다. 늘 주님 안에서 당신을 기억하겠습니다.

낙원이란?

주님과 함께

당신이 원하던 대로 당신의 고통을 조금이나마 경감시켜 주신 주님을 찬양합니다.

나는 죽음의 고비를 여러 차례 겪었습니다. 그러나 그때만큼 만족해 본 적이 없습니다. 나는 고통을 줄여 달라고 기도하지 않았습니다. 오히려 용기와 겸손과 사랑을 가지고 고통을 이길 힘을 달라고 주님께 기도했습니다. 오, 주님과 함께 고통당하는 것이 얼마나 감미로운지! 고통이 제아무리 크다 해도, 그 모든 고통을 사랑으로 받으십시오.

사랑하는 그리스도인 친구여, 주님과 함께 고통당하는 것이 바로 낙원입니다. 어느 상황에 있든지 주님과 함께 있으면 그것이 낙원입니다! 우리는 가장 어려운 상황에서도 주님의 임재를 느끼면서 살 수 있습니다.

영적 성전

당신과 내가 이 세상의 삶에서 낙원의 평화를 즐기기 위해서는 주님과 친밀하고 겸손하며 애정 넘치는 대화를 하는 일에 익숙해져야 합니다. 환경이 어떻든, 당신의 영이 주님을 떠나 방황하지 않도록 해야 합니다. 당신의 마음을 영적 성전으로 만들어야 합니다. 주님을 끊임없이 경배할 수 있는 성전으로 말입니다.

1691년 1월 22일

하나님의 나라는 볼 수 있게 임하는 것이 아니요……
하나님의 나라는 너희 안에 있느니라

눅 17 : 20 - 21

무한한 평화

18

주님의 임재 안에서 주님과 함께 있으면
나 자신을 지킬 수 있습니다.

고귀한 보화

복음서가 말하고 있는 그 "보화"를 다 찾을 수 있다면 얼마나 좋을까요? 그러면 다른 모든 것은 우리에게 아무 쓸모없는 것이 될 것입니다.

그 보화가 얼마나 고귀한지요. 그 보화는 찾으면 찾을수록 더 많이 발견하게 됩니다. 찾으려고 애쓰면 애쓸수록 더 많은 것을 얻게 됩니다. 그러므로 그 보화를 찾아 온전히 캐낼 때까지는 그 일을 지쳐서 중단하지는 맙시다.

주님과 함께라면

나의 마지막이 어떻게 될지, 그리고 내가 어떻게 변하게 될지는 모릅니다. 그러나 지금 내게는 영혼의 평화와 영의 안식이 잠잘 때까지도 임하고 있습니다. 이런 느낌이 없다면, 이 끊임없는 평화의 느낌이 없다면, 실로 고통스러울 것입니다. 그러나 내 속에 이런 평화가 있다면 나는 지옥에서라도 위로를 얻을 수 있으리라 믿습니다.

하지만 나는 나에 대한 하나님의 계획도 모르고, 지금 내 안에 내재되어 있는 것조차도 모릅니다. 그래도 나는 아주 큰 고요 가운데 있기에 아무것도 두렵지 않습니다. 내가 무엇을 두려워하겠습니까? 나는 하나님과 함께 있습니다. 그리고 주님의 임재 안에서 주님과 함께 있으면 나 자신을 지킬 수 있습니다.

만물아, 주님을 찬양하여라.

소중한 사람을 잃은 친구를 위해

19
....

주님을 잊지 마십시오. 주님을 자주
생각하십시오. 끊임없이 주님께 경배하십시오.

주님을 향한 사랑

당신이 하나님을 그토록 신뢰하니 정말 기쁩니다. 또한 지금 당신 안에서 자라나기 시작한 그 신뢰를 하나님께서 더욱 굳건하게 해주시기를 바랍니다.

그토록 선하고 신실한 친구이신 예수 그리스도는 아무리 신뢰해도 지나치지 않습니다. 그리스도는 이 세상에서도, 앞으로 올 세상에서도 당신을 결코 실망시키지 않으실 것이기 때문입니다.

당신이 글을 써 달라고 부탁한 형제에 대해 말씀드리겠습니다. 만일 그 형제가 매우 소중했던 사람을 잃었지만 하나님을 전적으로 신뢰한다면, 주님께서는 머지않아 그에게 새로운 친구를 주실 것입니다. 더 능력 있고 그를 더 잘 섬기려고 하는 그런 친구 말입니다. 주님께서는 자신이 원하시는 대로 우리의 마음을 다루십니다.

그 형제는 잃은 사람에게 지나치게 매달리고 있는 것 같기도 합니다. 당연히 친구를 사랑해야 하지만 주님께 드려져야 할 사랑을 앗아 가면서 친구를 사랑해서는 안 될 것입니다. 주님을 향한 사랑이 우선이 되어야 합니다.

은혜와 긍휼과 평강이 하나님 아버지와
아버지의 아들 예수 그리스도께로부터
진리와 사랑 가운데서 우리와 함께 있으리라
요이 1:3

늘 주님 곁에

내가 당신에게 권면했던 것을 마음에 간직하고 있습니까? 하나님을 자주 생각하십시오. 밤낮으로 주님을 생각하십시오. 일할 때도 주님을 생각하고 쉴 때도 주님을 생각하십시오. 주님은 늘 당신 곁에 계십니다. 주님을 절대 떠나지 마십시오. 찾아온 친구를 혼자 내버려 두는 것은 무례한 일입니다. 그런 일은 생각조차 하지 마십시오. 그런데도 하나님을 왜 그렇게 자주 잊어버리는 걸까요?

주님을 잊지 마십시오. 주님을 자주 생각하십시오. 끊임없이 주님께 경배하십시오. 주님과 함께 살고 주님과 함께 죽으십시오. 이것이 그리스도인이 즐길 수 있는 영광입니다. 이렇게 할 준비가 되어 있지 않다면 반드시 이것을 익혀야 합니다.

기도로 당신을 돕겠습니다.

늘 주님의 임재 안에서

20

나에게는 일하는 시간이나 기도하는
시간이나 별 차이가 없습니다.

하나님만을 목표로

로렌스 형제가 속한 단체의 한 사람이 로렌스 형제에게 이런 질문을 한 적이 있습니다. 하나님을 계속적으로 의식하는 습관을 들여 무엇을 얻으려고 하느냐는 것이었지요.

로렌스 형제는 수도원에 처음 들어온 이래 줄곧 하나님을 자신의 모든 생각과 소망의 목표로 생각해 왔다고 대답했습니다. 그는 수사 생활 초기에 지정된 기도 시간을 하나님을 생각하는 데 사용했습니다. 하나님의 존재를 자신의 생각과 마음에 깊이 새기기 위해서였지요. 이것은 학습된 이성과 인위적인 명상에 의해서 이루어지기보다는 경건한 감정과 믿음의 빛에 복종함으로써 이루어졌습니다.

이 간단하고 확실한 방법을 통해서 그는 하나님을 알고 사랑하는 일을 실천할 수 있었습니다. 그는 마음을 다해 노력하여 주님의 임재를 끊임없이 느끼며 살기로, 가능하다면 주님을 잊지 않기로 했습니다.

기도를 통해 하나님의 임재에 대한 위대한 감상으로 생각이 가득 찼을 때, 그는 자신에게 맡겨진 취사장 일을 시작했습니다(그는 그 수도원의 요리사였습니다). 거기서 그는 어떻게 하면 책임을 다할 수 있는지 신중하게 생각했습니다. 각각의 일을 언제 어떻게 해야 하는지 생각한 것입니다. 그러고는 일을 시작하기 전과 일을 마친 후, 그리고 그 사이의 시간을 모두 기도로 보냈습니다.

그는 일을 시작하면서 자녀로서 하나님을 신뢰하는 가운데 이렇게 아뢰었습니다.

"오, 나의 하나님, 주님께서 나와 함께 계십니다. 이제 나는 주님의 명령에 순종하여 내 생각을 이 외적인 일에 쏟아야 합니다. 주님의 임재 속에 계속 거할 수 있는 은혜를 허락하여 주시옵소서. 이 목적을 위해 주의 도우심으로 형통하게 하소서. 내가 하는 모든 일을 받아 주시고 나의 모든 사랑을 소유하소서."

친밀한 대화

그는 자신의 창조주와 계속 친밀하게 대화하면서 주님께 은혜를 구하고, 자신의 모든 행동을 바치며 하루하루 맡은 일을 해 나갔습니다.

하루 일이 끝나면 자신이 맡은 의무를 어떻게 감당했는지 살폈습니다. 잘한 일이 있으면 하나님께 감사를 돌려드렸고, 잘못한 일이 있으면 용서를 구했습니다. 그러고는 낙심하지 않고 마음을 다시 바로잡았습니다. 그런 다음에는 전혀 중단한 적 없었던 것처럼 하나님의 임재 연습을 계속했습니다. 로렌스 형제는 이렇게 말했습니다.

"넘어졌다가 다시 일어나기도 하고, 또 수시로 나의 믿음과 사랑의 행위를 새롭게 하기도 했습니다. 처음에는 이처럼 하나님을 생각하는 습관을 들이기가 어려웠는데, 이제는 하나님을 생각하지 않는 것이 더 어렵게 느껴집니다."

로렌스 형제는 하나님의 임재 가운데 행함으로써 그런 큰 유익을 얻었고, 그것을 자연스럽게 다른 사람들에게 간절히 권고했습니다. 그러나 그가 보이는 본은 그가 제시할 수 있는 그 어떤 논증보다도 강력한 설득력을 가지고 있었습니다.

그의 얼굴 자체가 다른 사람들에게 은혜가 되었습니다. 얼굴에 나타나는 그 감미롭고 고요한 경건이 보는 사람에게 영향을 끼치지 않을 수 없었던 것입니다.

그는 취사장에서 제아무리 바쁘게 일할 때에도 마음의 평온함과 하늘에 대한 생각을 유지했다고 합니다. 그는 조급해하거나 어슬렁거리지 않았습니다. 늘 변함없이 침착하고 평온을 유지하면서 모든 일을 제때에 맞추어 했습니다. 그는 말했습니다.

"나에게는 일하는 시간이나 기도하는 시간이나 별 차이가 없습니다. 여러 사람이 한꺼번에 서로 다른 일을 요청해서 취사장은 늘 소란스럽고 부산하지만, 그 가운데서도 나는 무릎을 꿇고 성찬식에 참여하는 것처럼 큰 평온 가운데 하나님을 모실 수 있습니다."

마지막 인사

21

주님을 일생 동안 사랑하는 분으로,
일생에서 유일한 분으로 삼으십시오.

기쁨의 고통

우리에게 필요한 것을 가장 잘 아시는 분은 주님이십니다. 주님이 하시는 일은 우리의 유익을 위한 것입니다. 주님이 우리를 얼마나 많이 사랑하시는지를 깊이 깨닫게 된다면 주님께서 주시는 것은 무엇이든지 기꺼이 받게 될 것입니다. 단 것이든 쓴 것이든 아무것도 가리지 않고 말이지요. 그리고 우리는 주님께서 주신 그 모든 것을 즐겁게 여기게 될 것입니다.

제아무리 심한 고통과 고난도 잘못된 것에 비추어 볼 때에만 견딜 수 없는 것으로 보입니다. 그러나 그러한 고통과 고난을 하나님께서 나누어 주신 것으로 볼 때는, 우리를 낮추시고 괴롭게 하시는 분이 우리가 사랑하는 아버지이심을 알 때는, 우리가 당하는 고통이 그 쓰라림을 잃게 됩니다. 우리의 비탄은 모두 기쁨이 됩니다.

당신이 하는 모든 일을 하나님께 알려야 합니다. 당신은 하나님을 알아 갈수록 더 많이 하나님을 알고 싶어할 것입니다. 지식은 사랑의 척도이므로 하나님을 더 깊이 알고 더 가까이 갈수록 하나님을 향한 당신의 사랑도 커질 것입니다. 그리고 주님에 대한 사랑이 크다면, 기쁠 때뿐만 아니라 슬플 때에도 똑같이 주님을 사랑하게 될 것입니다.

대부분의 사람이 주님을 향해 아주 얕은 단계의 사랑을 가지고 있다는 사실을 당신도 잘 알고 있을 것입니다. 많은 사람이 하나님께서 그들에게 주신 외적인 축복 때문에 하나님을 사랑합니다. 그들은 하나님께서 그들에게 은총을 주셨기 때문에 하나님을 사랑하는 것입니다.

하나님께서 당신에게 주신 자비가 아무리 많다 하더라도 당신은 그런 차원에 멈추어서는 안 됩니다. 외적인 축복은 아무리 많다 해도 단순한 믿음만큼 당신을 하나님께 가까이 이끌어 주지는 못합니다.

그러므로 믿음으로 하나님을 자주 찾으십시오.

우리 안에 계신 주님

오, 사랑하는 형제여, 하나님께서는 당신 밖에 계시면서 당신에게 은총을 부어 주시는 것이 아닙니다. 주님은 당신 안에 계십니다. 그러므로 다른 어느 곳도 말고 거기, 당신 안에서 주님을 찾으십시오.

주님을 일생 동안 사랑하는 분으로, 일생에서 유일한 분으로 삼으십시오. 만일 우리가 하나님만을 사랑한다면, 사소한 일, 즉 하나님을 기쁘시게 하지 못하고 때로는 하나님을 마음 상하시게 할 수도 있는 일에 마음이 분주한 것은 무례한 일이 아니겠습니까? 지혜롭게 행하여 그런 사소한 일을 피하십시오. 그것들은 언젠가 심히 큰 대가를 치르게 할 것입니다.

사랑하는 친구여, 오늘부터 간절하게 주님께 전심을 다하지 않겠습니까? 다른 것은 모두 당신의 마음속에서 몰아내십시오. 그러면 주님만이 당신의 마음을 채우실 것입니다. 주님께 그런 은총을 간청하십시오.

당신이 할 수 있는 일을 하십시오. 그러면 머지않아서 당신이 구하는 변화가 당신 안에 이루어질 것입니다.

하나님께서 당신에게 주신 위로에 대해서는 아무리 감사를 드려도 충분치 않을 것입니다.

나는 주님의 은혜로 며칠 내에 주님과 얼굴과 얼굴을 마주하여 보게 되는 특권을 누리게 되기를 소망합니다.

우리 서로를 위하여 기도합시다.

1691년 2월 6일

로렌스 형제는 이 마지막 편지를 쓰고 나서 이틀 후 침상에 눕게 되었고, 그 주간에 세상을 떠났습니다. 그는 분명 주님을 재빨리 알아보았을 것입니다. 지상의 육체에 매여 있을 동안 믿음의 눈으로 오직 주님만을 바라보았기 때문입니다.

여호와께서 내 음성과
내 간구를 들으시므로
내가 그를 사랑하는도다
그의 귀를 내게 기울이셨으므로
내가 평생에 기도하리로다

시 116:1-2

Part·2

프랭크 루박

Frank Laubach

내가 세상을 위해
영원히 기여할 것이 있다면,
그것은 분명 시그널 언덕에서
하나님을 체험한 일일 것입니다.

하나님의 임재를 맛보다

22
....

마음을 열어
하나님의 영광을 누리십시오.

1930년 1월 3일

지난해를 돌아보면서 "작년은 내 생애 최고의 해였다."라고 말할
수 있다면 정말 좋은 일일 것입니다. 그러나 앞날을 내다보면서 "올
해는 더 좋을 것이다."라고 말할 수 있다면 더욱더 좋은 일이겠지요.

만일 자신이 이루어 놓은 일에 대해 이런 말을 하는 사람이 있다면
그는 더할 나위 없이 자만심이 강한 사람일 것입니다. 그러나 하나
님의 자비하심에 대해 그렇게 말한다면, 진심으로 그렇게 말한다면,
그는 정말로 감사할 줄 아는 사람일 것입니다.

나는 오로지 문을 열기만 했을 뿐입니다. 나머지는 하나님께서 다 하셨습니다. 내가 증거하고 싶은 것은 이것입니다. 혹시 눈에 띌 만한 업적이 있다 해도 그것은 아주 작은 것에 지나지 않습니다.

하나님의 임재를 체험하는 놀라운 일이 지속되었습니다. 지난해를 돌이켜 보면 그렇게 많은 것을 받았으니 기쁨이 넘칠 수밖에 없다는 생각이 듭니다. 작년은 외롭기 그지없는 한 해였습니다. 어떤 면에서는 내 생애 중 가장 힘들었던 해였다고도 할 수 있지요. 하지만 하늘의 음성이 넘쳤던 가장 영광스러운 해이기도 했습니다.

올해는 하나님의 임재를 계속 체험했던 지난해보다 한층 더 매 순간 온전히 하나님만 생각하는 체험을 계속하기로 했습니다.

1930년 1월 20일

나는 목사와 선교사로 15년 동안이나 섬겨 왔지만, 하루 종일 매 순간 하나님의 뜻을 따르는 삶을 살아 보지는 못했습니다. 그러다가 2년 전 나의 삶에 대해 심히 불만을 느끼고는 15분 내지 30분마다 나의 행동을 하나님의 뜻에 비추어 보는 노력을 시작했습니다.

이런 생각을 털어놓자 사람들은 어떻게 그런 일이 가능하겠냐고 반문했습니다. 그런 일을 시도조차도 해 보지 않은 것 같은데 말입니다. 그러나 나는 올해부터 깨어 있는 동안은 쉬지 않고 "아버지 하나님, 제가 무슨 말을 하기를 원하십니까? 지금 이 순간 어떻게 행하기를 원하십니까?"라는 질문을 하며, 내면에서 들리는 세미한 음성에 계속 귀를 기울이기 시작했습니다.

이것은 분명히 예수님이 온종일 행하신 일이었습니다.

1930년 1월 26일

며칠 전부터 이전보다 더욱 온전히 하나님을 의지하는 연습을 하고 있습니다. 나는 의도적으로 의지적인 행동을 하고 있습니다. 하나님을 생각하는 데 많은 시간을 들이고 있는 것입니다.

어제와 오늘은 새로운 모험을 시도했습니다. 설명하기는 쉽지 않지만, 나는 매 순간 하나님을 느끼고 있습니다. 그것은 의지적인 행동입니다. 지금 이 타자기 자판을 두드리는 손가락을 하나님께서 붙들어 주시기를 원하고, 내 발걸음을 축복하시기를 원하며, 말하는 내 입과 음식을 먹는 내 턱을 지도하시기를 의지적으로 원합니다!

당신은 이런 강렬한 내적 성찰에 대해 반대할지도 모릅니다. 당신과 주님과의 관계가 만족스럽다면 굳이 이런 노력을 하지 않아도 되겠지요. 그렇지만 나는 가능한 한 하나님의 인도하심을 온전히 깨닫기 위해 이렇게 할 수밖에 없음을 이해해 주기 바랍니다.

바울은 우리가 그리스도 안에서 자유하다고 말했습니다. 나는 모든 사람으로부터 완전히 자유하기를 원하고, 나 자신으로부터도 자유하기를 원합니다. 그러나 오직 하나님께만은 그분의 뜻에 매인 종이 되기를 원합니다.

우리 교회에서는 이런 찬송가를 즐겨 불렀습니다. 그렇지만 나는 그 내용대로 실천해 본 적이 없습니다.

언제나 주는 날 사랑하사

언제나 새 생명 주시나니

영광의 기약이 이르도록

언제나 주만 바라봅니다

'순간순간', 깨어 있는 순간마다, 드림, 응답, 순종, 민감함, 유순함, '하나님의 사랑에 빠짐', 바로 이것이 지금 내가 마음을 다해 찾기 원하는 것입니다. 마치 바이올린이 명연주자의 손에 화답하듯이 예수 그리스도께 화답하기 위해 마음을 다해 찾고 있는 것입니다.

내 영혼을 이런 식으로 많은 사람 앞에 적나라하게 드러내 놓는 이유는, 이 방법 외에는 다른 사람들에게 영적인 유익을 끼치는 방법이 없을 것 같기 때문입니다.

당신의 가장 깊은 속마음을 드러내는 방식을 말하자는 것이 아닙

나의 영혼이 잠잠히 하나님만 바람이여
나의 구원이 그에게서 나오는도다

시 62:1

니다. 다만 그릇된 방식으로 속마음을 드러내는 경우가 많기 때문에, 또 우리 안에 있는 가장 좋은 것을 감추는 것은 잘못이기 때문에 이런 방식을 당신에게 이야기하는 것입니다. 나는 우리가 만날 때마다 우리의 영혼을 베일로 감춘 채 '가벼운 잡담'만을 하는 것에는 찬성하지 않습니다. 영혼이 그토록 메말라서 잡담밖에 할 수 없다면, 영혼을 풍성하게 만들려는 노력이 필요합니다.

나는 내가 하고 있는 이 영적 순례 여정이 무한한 가치가 있고, 강조할 만한 중요한 것이라고 확신하고 있습니다. 그러므로 들을 사람이 있는 한 나는 이 영적 순례 여정에 대해 계속 이야기할 것입니다.

지금 창밖에는 지금까지 보지 못했던 아주 화려한 일몰 광경이 펼쳐지고 있습니다. 내 영혼은 이 순간 "영광의 기약이 이르도록 언제나 주만 바라봅니다"라는 찬송을 부르고 있습니다.

마음을 열어 하나님의 영광을 누리십시오. 그러면 머지않아 그 영광이 당신 주위의 세상과 당신 머리 위에 있는 구름 속에서 빛나게 될 것입니다.

미지의 영적 세계

23

내가 해야 할 것은 이 시간 동안 하나님과
끊임없이 마음으로 대화하는 것입니다.

1930년 1월 29일

나로서는 알 수 없는 크고 놀라운 계획 가운데 나에게 맡겨진 부분을 감당하면서 한 시간 한 시간을 보내고 있습니다. 작은 일에서도 하나님과 협력하고 있다는 이 느낌은 매우 놀라운 것입니다. 이제까지 이런 느낌을 가져 본 적이 없기 때문입니다.

나는 무엇인가를 필요로 합니다. 그래서 나를 기다리고 있는 그것을 찾기 위해 두리번거립니다. 그 일은 분명히 내가 해야 합니다. 그러나 하나님이 나와 함께하십니다. 나머지는 모두 하나님께서 하십니다.

　내가 해야 할 것은 이 시간 동안 하나님과 끊임없이 마음으로 대화하는 것입니다. 그리고 그분의 뜻에 온전히 순종하여 이 시간을 영광스럽고 풍성하게 만들어야 합니다. 이것이 내가 생각해야 할 전부입니다.

　1930년 3월 1일

　보이지 않는 손이 한 손으로는 내 손을 붙들고 있고, 또 다른 한 손으로는 앞을 가리키며 나아가야 할 길을 예비하고 있습니다. 이 느낌이 날마다 커지고 있습니다. 그렇다고 이 기회를 놓치지 않으려고 긴장할 필요는 없습니다. 마치 파도가 계속해서 해변으로 밀려오는 것처럼 기회도 거듭거듭 찾아와 그때마다 뭔가 할 것이 주어지기 때문입니다.

　만약 1914년에 안수를 받은 목사가 여태까지 매시간, 매 순간 단순히 복종하는 것 이상의 무언가(그것을 뭐라고 불러야 할지 모르겠습니다만)를 체험하는 기쁨을 갖지 못했다면 부끄러워해야 마땅할 것입니다. 나는 전에 그것을 체험한 적이 있습니다. 하나님께 귀 기울이는 것 이상의 것을 말입니다. 나는 그것을 경험하려고 노력했습니다.

　그러나 내가 지금 체험하고 있는 것을 어떤 말로 어떻게 설명해야 할지는 잘 모르겠습니다. 그것은 의지적인 행동입니다. 나는 내 마음을 하나님을 향해 활짝 열기 위해 의식적으로 민감함을 유지하면서 귀를 기울이며 기다립니다. 주의를 집중시킵니다. 때로는 이른 아침부터 오랫동안 그렇게 합니다. 하나님께 내 마음이 고정될 때까지는 침대에서 나오지 않기로 합니다. 얼마 지나면 이것이 습관이 될 것이고, 애써서 노력한다는 느낌은 점차 줄어들 것입니다.

그런데 이런 내면적인 체험에 대해서 끊임없이 이야기하는 이유는 무엇일까요? 그것은 아직까지 발견되지 않은 미지의 영적 세계가 이 글을 읽고 있는 당신과 나를 기다리고 있다는 것을 확신하기 때문입니다. 그것에 비하면 우리는 아직 엄마 품에 안긴 어린아이와 같습니다.

나를 대하는 주변 사람들의 태도가 점점 달라지고 있습니다. 전에는 도무지 극복할 수 없다고 생각했던 장애물들이 마치 신기루처럼 사라지고 있습니다. 나를 의심하거나 무시했던 사람들이 나와 가까워지고 있습니다. 마치 오케스트라와 화음을 이루지 못하는 바이올린 연주자였던 내가 마침내 전체와 완벽하게 조화를 이루는 기분이 듭니다.

나는 거의 죽은 상태에 가까웠습니다. 마치 썩어 가는 나무와 같았지요. 그러다가 마침내 하나님의 뜻을 찾고, 내 속에 있는 모든 것이 거부할지라도 그 뜻을 행하여 결국은 내 생각의 싸움에서 승리하고 말겠다고 다짐하고 또 다짐했습니다. 마치 내 영혼의 깊은 샘이 터지며 힘이 솟아나는 것 같았습니다.

아직까지 단 하루도 성공하지는 못했지만 언젠가는 성공에 가까워질 것입니다. 나는 매일 새로운 것을 발견하면서 기쁨을 느끼고 있습니다. 이것은 영원하며 결코 무너뜨릴 수 없는 것입니다.

당신과 나는 머지않아 각자의 몸을 떠날 것입니다. 돈도, 칭찬도, 가난도, 박해도 세월이 가면 다 잊힐 것들입니다. 그러나 지속적으로 복종하고 집중하는 마음에 찾아온 이 영은 영원한 생명입니다.

1930년 3월 9일

일생 처음으로 나는 이 외로운 라나오(Lanao)에서 무슨 일을 해야 하는지를 알았습니다. 하나님께서 왜 이렇게 가슴을 에는 공허함을 주셨는지 깨닫게 된 것이지요. 하나님은 친히 내 마음을 채워 주시려는 것입니다.

이 외진 산에서 나는 하나님의 뜻을 추구하며 이런 발견의 항해를 떠나야 합니다. 강력한 중보 기도의 실험에도 몰입해야 합니다. 그리고 모로족(Moros, 필리핀 남부 민다나오 섬 등에 사는 이슬람교도)들에게 하나님의 사랑을 전해야 합니다.

한없이 풍성한 경험

24
....

다만 하나님의 뜻을 온전히 행하기만 하면
그 시간은 온전한 것입니다.

1930년 3월 15일

이번 주에는 고독한 가운데 새로운 체험, 어쩌면 신비할 정도로 놀라운 체험을 했습니다. 나는 너무나도 외로웠기 때문에 하나님과 대화하지 않고서는 도무지 견딜 수가 없었습니다. 그래서 이번 주는 깨어 있는 동안 내내 하나님을 바라보며 지냈습니다. 그러지 않은 시간은 하루에 한두 시간 정도뿐이었습니다.

지난 목요일 밤에는 룸바탄(Lumbatan)에서 전축을 들으며 하나님과 교제하려고 마음을 기울이고 있었습니다. 그때 마음속에서 어떤 일이 일어나 나는 내 의지를 들어 온전히 하나님께 드리고 싶다고 갈망하게 되었습니다.

이것은 한없이 풍성한 경험이었습니다. 내가 이제까지 행해 왔던 방법, 즉 끝없이 경건 서적을 읽는 방법에 비하면 하나님을 마주 대면하여 직접 체험하는 이것이야말로 한없이 풍성한 경험인 것입니다. 이제는 성경을 읽는 일조차도 영혼과 영혼, 얼굴과 얼굴을 맞대고 하나님을 뵙는 일을 대치할 수는 없다는 생각이 들 정도입니다. 그러면 이 새로운 친밀함은 어떻게 이루어질까요?

마음 깊이 고뇌함으로써 가능한 것입니다. 지난주에 어떤 사람이 내게 이런 말을 했습니다. 어떤 악기로도 영혼의 깊은 고뇌를 통해 유순해지는 인간의 깊은 갈망을 제대로 표현할 수 없을 거라고 말입니다. 하나님의 마음에 도달하는 길이 이것뿐이라는 말은 아닙니다. 다만 이 방법이 나를 이제까지 들어가 보지 못했던 내면세계로 인도해 주었다는 사실을 증거하고 있는 것입니다.

1930년 3월 23일

하나님과의 그런 접촉을 늘 계속할 수 있을까요? 지금 이 순간 검토해 봐야 할 문제가 바로 이것입니다.

잠이 깨어 있는 동안 내내 하나님의 임재를 체험하다가 주님의 품

예수 그리스도의 얼굴에 있는 하나님의 영광을
아는 빛을 우리 마음에 비추셨느니라

고후 4:6

에서 잠들고, 주님의 임재 속에서 깰 수는 없을까요? 과연 우리가 그렇게 할 수 있을까요? 항상 하나님의 뜻을 행할 수는 없을까요? 늘 하나님의 생각을 할 수는 없을까요? 일을 하거나 오락을 할 때, 그리고 여러 사람과 함께 있을 때는 우리 생각 속에서 하나님을 제쳐 놓을 수밖에 없는 걸까요?

우리는 동시에 두 가지를 생각할 수 없습니다. 사실, 우리는 한 가지를 2분의 1초 동안도 계속 생각할 수 없습니다. 우리의 생각은 끊임없이 흘러갑니다. 계속하여 움직입니다. 집중한다는 것은 동일한 문제에 계속적으로 수백만 가지의 각도에서 접근한다는 것입니다. 우리는 언제나 최소한 두 가지를 관련시켜 생각합니다. 아니, 세 가지 이상을 한꺼번에 관련시켜 생각하는 경우도 있습니다.

"하나님이 늘 내 생각 속에 계시도록 매 순간마다 주님을 돌이켜 생각할 수는 없을까요?"

이것이 나의 고민입니다.

나는 나의 여생 동안 이 문제에 대한 답을 찾는 실험을 하겠다고 결심했습니다.

하나님에 대한 의식을 성취하려는 이런 성찰과 노력을 어떤 이들은 비정상적이고 위험스러운 행동이라고 말할 것입니다. 그러나 나는 이런 위험을 무릅쓸 것입니다. 누군가가 이 일을 해야만 하기 때문입니다.

만일 우리 종교에서 말하는 것이 정말 올바른 것이라면, 하나님과 하나 되는 이것은 우리가 도달할 수 있는 지극히 정상적인 것입니다. 이것은 그리스도로 하여금 그리스도 되게 하는 것입니다. 또한 이것이 아우구스티누스(St. Augustine)가 "주께서는 주를 위하여 우리를 지으셨나이다. 그리하여 우리 영혼은 주 안에서 안식을 찾을 때까지는 안식할 수 없나이다."라고 한 말의 의미입니다.

나는 다른 누구에게도 인내가 필요한 이 힘든 길을 따라나서라고 청하지 않습니다. 많은 사람이 스스로 그렇게 하게 되기를 바랄 뿐입니다. 우리는 혼자서는 대답할 수 없다는 것을 알아야 합니다. 예를 들어 보겠습니다.

"하나님께 끊임없이 굴복하는 이 일을 노동에 종사하는 사람이 성취할 수 있을까요? 기계 앞에서 일하는 사람이 온종일 다른 사람들을 위해 기도할 수 있고, 온종일 하나님과 대화할 수 있으며, 그러면서도 자기 일을 효과적으로 해낼 수 있을까요?"

"장사하는 사람이 장사를 하면서, 회계 일 하는 사람이 회계 일을 하면서 동시에 끊임없이 자신을 하나님께 드릴 수 있을까요?"

"아기 엄마가 설거지를 하면서, 아기를 돌보면서 끊임없이 하나님과 대화할 수 있을까요?"

이런 일이 가능한 걸까요? 어느 날 어느 시간 동안은 결심함으로써 온전할 수 있을 것입니다. 그 시간 동안 하나님을 바라보면서 하나님의 인도하심을 기다리고, 사소한 일 하나까지도 하나님께서 원하시는 대로 하려고 최선을 다한다면 그 시간은 온전한 것입니다. 여기에는 아무런 감정도 필요하지 않습니다. 다만 하나님의 뜻을 온전히 행하기만 하면 그 시간은 온전한 것입니다.

실패와 성공

25
....
우리 자신을 하나님께 열어 드리는 것 외에는
우리가 할 수 있는 일이 없습니다.

1930년 4월 18일

하나님과의 교제에서 맛본 감동으로 인해 이제는 하나님과 조화되지 않는 것은 어느 것이든 역겹게 느껴집니다. 오늘 오후에는 하나님께 사로잡히는 것이 나에게 엄청난 기쁨으로 다가왔습니다. 이런 느낌은 지금까지 단 한 번도 경험해 본 적이 없는 것 같습니다. 하나님이 무척이나 가깝고 다정하게 여겨져서 다른 것들을 통해 얻는 만족은 비할 바가 아니었습니다.

이런 경험을 이제 일주일에 서너 차례씩 하게 됩니다. 이 경험을 한 후부터는 다른 것들이 가진 매력이 싫어집니다. 그것들은 나를 하나님에게서 멀어지게 하기 때문입니다. 하나님과 한 시간 동안 친밀한 교제를 하고 나면 내 영혼은 지금 막 내린 눈같이 맑아져 있음을 느낍니다.

1930년 4월 19일

하나님을 만나려는 영혼의 노력에 대한 이 기록이 온전하기 위해서는 이 과정에서 겪은 실패와 어려움을 빼놓아서는 안 될 것입니다. 한 예로 이번 주간은 평균보다는 나았지만 그렇다고 내 생애 최고의 주간은 아니었습니다.

나는 어려운 일을 시작했습니다. 그것은 내 나이로 보아서는 힘든 일, 아니 내가 예상했던 것에 비해서 더 어려운 일입니다. 그렇지만 절대 포기하지 않기로 했습니다.

하지만 긴장한다고 되는 것 같지는 않습니다. 내 속에서 뭔가를 포기하는 순간 하나님께서 다가오시는 것입니다! 이것이야말로 마음을 녹이는 '하나님의 임재'요, 아버지가 아이에게 해주는 다정한 속삭임입니다. 내가 이제까지 이런 체험을 하지 못했던 이유는 포기하는 일에 실패했기 때문입니다.

하나님과의 교제는 함부로 다루어서는 안 됩니다. 그러다가는 교제가 곧 끊어지기 때문입니다. 이 교제는 마치 갓 태어난 아기와 같고 땅에서 갓 솟아난 연한 새싹과도 같습니다. 그러기에 이 교제는 오랫동안 가꾸고 키워야 합니다. 이것은 우리의 눈이 '오로지 한곳에 집중하기'를 그치는 바로 그 순간, 순식간에 사라져 버릴 수 있기 때문입니다.

하나님과 재물을 겸하여 섬길 수 없습니다. 다른 부당한 것에 대한 애정을 하나님의 보좌 옆에 앉히려 하는 순간 하나님은 슬그머니 그 자리를 빠져나가십니다. 다른 우상이 들어오면 하나님은 떠나십니다. 하나님이 '질투하시는 하나님'이시기 때문이 아니라, 성실과 불성실은 서로 모순이기에 동시에 같은 장소에 함께 존재할 수 없기 때문입니다.

이 '실험'은 아직까지는 그리 성공적이지 못했지만 매우 흥미롭습니다. 내가 생각하기에, 지금까지 하루의 3분의 2 정도는 하나님에 대한 생각이 내 머릿속에서 떠나 있는 것 같습니다.

오늘 아침에는 신선한 출발을 했습니다. 해 돋을 무렵 하나님을 풍성히 체험한 것입니다. 그래서 면도하는 동안과 옷을 입는 동안, 그리고 아침을 먹는 동안에도 하나님께서 내 손을 붙들어 주시게 하려고 했습니다. 지금 이 타자기 자판을 두드리는 순간에도 하나님께서 내 손을 붙들어 주시게 하려고 노력하고 있습니다.

우리 자신을 하나님께 열어 드리는 것 외에는 우리가 할 수 있는 일이 없습니다. 하나님께서는 많은 것을 가지고 계시지만 우리에게 주시는 것은 그보다 훨씬 적습니다. 그 이유는 우리가 너무나 게으르고 또 너무나 작기 때문입니다.

하나님의 생각을 열심히 추구하면서 "하나님, 만일 내가 입을 충분히 크게 벌린다면 무엇을 넣어 주시겠습니까?"라는 질문을 하는 습관을 들인다면 큰 도움이 될 것입니다. 그런 기다림, 다시 말해서 그런 열렬한 자세는 하나님께 그분이 필요로 하시는 기회를 드리게 됩니다.

나는 하나님과의 교제를 계속 유지하기 위해 여러 방법을 시도하고 있는데, 그 가운데 가장 좋은 것은 하나님의 생각을 기다리며 하나님께 말씀해 달라고 구하는 것임을 날마다 깨닫습니다.

1930년 5월 14일

하나님과 끊임없이 교제하려고 하는 이 생각, 하나님을 내 생각의 대상으로 삼고 내 대화의 동무로 삼으려고 하는 이 생각은 지금까지 나에게 떠올랐던 생각들 가운데 가장 놀라운 것입니다. 그것은 정말 효력이 있습니다.

아직까지는 반나절도 그렇게 하지 못합니다. 하지만 언젠가는 온

주께서 택하시고 가까이 오게 하사
주의 뜰에 살게 하신 사람은 복이 있나이다

시 65:4

종일 그렇게 할 수 있으리라고 생각합니다. 이것은 생각하는 습관을 새롭게 들이는 문제입니다.

지금은 주님의 임재가 무척 좋기 때문에 주님을 반 시간 동안만 생각하지 못해도 마치 내가 주님을 버린 것 같은 기분이 들고, 내 인생에서 매우 고귀한 무엇을 잃은 것 같습니다.

1930년 5월 24일

나 자신을 분석해 보면서, 주님을 매 순간 내 마음속에 모시기 위해 지난 두 달 동안 애써서 노력한 결과 몇 가지 일이 일어났음을 발견하게 됩니다.

하나님께만 생각을 집중하는 이 일은 힘이 듭니다. 그러나 그 때문에 다른 모든 일은 힘들지 않게 되었습니다. 나의 생각은 더 명확하게 되었고, 하나님을 잊는 일도 덜해졌습니다. 전에는 힘을 들여야 할 수 있던 일이 이제는 별다른 노력을 하지 않고도 쉽게 이루어집니다. 아무것도 염려하지 않게 되었고, 잠도 설치지 않게 되었습니다. 또 대부분의 시간을 즐거운 기분으로 지내게 되었습니다. 심지어 거울을 보면 내 눈과 얼굴에서 새로운 빛이 도는 것 같습니다.

모든 것이 순조롭게 돌아가고 있습니다. 매 순간 나는 그것을 별로 중요하지 않은 것처럼 가볍게 맞이합니다. 단 한 가지를 제외하고는 모든 것이 순조롭습니다. 그 단 한 가지란 내가 주의를 게을리 하면 하나님께서 내 생각 속에서 빠져나가신다는 것입니다. 내게 하나님이 계시면 우주가 있는 것입니다. 그러므로 내가 해야 할 일은 단순하고 분명합니다.

지금까지의 결과들

26
....
주님은 늘 내 안에 계십니다.
지금도 계십니다.

1930년 6월 1일

하나님과의 교제를 늘 유지하기 위해서는 그 대가를 한없이 드리기만 해야 한다고 생각합니까?

첫 번째 실험은 실패율이 아주 높았습니다. 그러나 다른 실험은 매우 성공적이어서 첫 실험의 실패를 보상해 주었습니다. 하나님께서는 변화를 일으키십니다. 하나님께로 돌이키는 순간에는 마치 전기가 통하는 것 같습니다. 나는 그것을 내 존재 전체를 통해 느낄 수 있습니다.

이러한 노력은 나에게 대단한 것을 가져다줍니다. 그것은 모든 사람이 노력할 필요가 있을 정도로 대단합니다. 내가 받는 그것은 마음을 예리하게 해서 집중해야 할 정도로 까다로운 것입니다. 누구나 생각이 무뎌져서 그 예리함을 잃게 내버려 두고 싶은 유혹을 끊임없이 받습니다. 나는 다른 사람들보다 정신적으로 더 게으른 것 같습니다. 그래서 내게는 이런 끊임없는 노력으로만 가능한 정신 훈련이 필요합니다.

내 생애를 통틀어 가장 중요한 발견은, 아무리 초라한 오두막집이라도 하나님께서 충만하게 임재하시면 그곳이 궁전이 될 수 있다는 것입니다. 이런 작은 집에서 매일 하나님을 생각하면서 여러 달 동안을 보내고 나면, 이 집에 들어가기만 해도, 이 집을 보기만 해도 가슴이 뛰고 생각이 넘치게 됩니다.

아직 나는 이 싸움에서 승리하기 위해 '피 흘리기까지는' 하지 않았음을 솔직히 고백합니다. 다만 내가 증명하고자 하는 것은 이 일은 모든 사람이 모든 상황에서 이룰 수 있다는 것입니다. 그러나 아직까지는 그것을 입증하지 못했습니다. 다만 예수님이 하셨던 일이 엄청나게 높은 차원의 것이었다는 사실만큼은 압니다.

이 순간, 나와 동일한 욕망과 갈망, 절망과 실패의 긴 과정을 거쳐 온 사람을 만나 밤새도록 대화를 나누고 싶은 욕구가 심한 외로움과 함께 엄습해 옵니다. 그렇지만 아직까지는 그런 사람이 없습니다. 나이가 들수록 우리의 길은 각기 다르게 됩니다. 이 세상에서 나를 온전히 이해할 수 있는 사람은 하나도 없습니다. 당신도 마찬가지일 것입니다!

다만 하나님만은 예외입니다. 오, 주님만이 모든 것을 아십니다. 주님은 나를 이해하실 수 있습니다. 이 깨달음이 주님과 나 사이를 얼마나 새롭게 하는지요. 하나님, 하나님께서는 이제 낯선 분이 아니십니다! 오직 주님만이 이 우주 가운데서 조금도 낯설지 않은 분이십니다. 주님은 늘 내 안에 계십니다. 지금도 계십니다. 나는 오늘도 내일도 주님을 한 차례도 놓치지 않기 위해 애쓸 것입니다. 주님께서 모든 시간을 주장하실 때 비로소 주님께서 원하시는 일이 이루어질 수 있습니다.

지난 월요일은, 나의 하루를 온전히 그리고 지속적으로 하나님께 드리는 데 있어 가장 완벽하게 성공한 날이었습니다. 그리하여 하나님께서 주신 사랑으로 사람들을 바라보았을 때, 그들도 나와 동행하기를 원하는 것처럼 나를 바라보며 행동했던 일이 기억납니다.

그때 나는 종일 예수님이 하나님과의 끊임없는 교제로 인해 광채가 나며 '하나님께 흠뻑 취한' 모습으로 하루하루를 살아가셨을 때 가졌던 매력을 조금이나마 느낄 수 있었습니다.

1930년 7월 2일

이것은 '신비주의'에 해당되는 것이기 때문에 비판받을 소지가 있다는 것을 잘 알고 있습니다. 신비를 믿지 않고도 예수님을 믿을 수 있다고 생각하는 사람들이 있기 때문입니다. 또는 하나님과 직접적인 만남을 갖거나, 하나님으로부터 직접 말씀을 듣는 일은 신약이 끝남과 동시에 중단되었다고 생각하는 사람들이 많이 있기 때문입니다. 그렇지만 비판을 두려워하여 아무 일도 하지 못한다면 얼마나 어리석은 세상이 되겠습니까!

1930년 8월 21일

이제 두 주일만 지나면 나는 마흔 여섯이 됩니다. 몇 년 전만 해도 앞으로 살아갈 날이 많이 남아 있다고 생각했는데, 이제는 그런 생각이 들지 않습니다. 내 인생의 일부가 이미 지나갔습니다. 비참하고 안타깝기 그지없는 일입니다. 내가 꿈꾸었던 것과는 너무나 동떨어진 것이어서 생각조차 하기 두렵습니다. 물론 미래에 대해서도 많이 생각하지 않습니다. 하나님으로 충만하다면 지금 이 현재는 그 지겨운 실망과 하나님께 저항하려는 마음으로부터 벗어날 수 있는 유일한 피난처입니다.

지금 나는 모든 인간과 모든 초인간적 존재의 삶 가운데서 가장 영화로운 일에 몰두하고 있습니다. 우주의 하나님과 직접 교제하고 있는 것입니다. 하나님은 자신의 마음을 나에게 보여 주십니다. 천사라도 그렇게까지는 할 수 없습니다.

나는 내 존재가 마치 문어처럼 대양의 깊은 바닥에 갇혀 있고, 그래서 성품 역시 문어처럼 전혀 변화가 없다는 것을 망각했습니다. 하나님과 함께 있기만 하면 감옥이든 토굴 속이든 아무 차이가 없는 것입니다. 우리는 이것이 사실이라고 설교하고 또 고백합니다. 그것은 사실입니다. 그러나 이러한 사실을 체험한 사람들이 그리 많아 보이지는 않습니다.

하나님께서 임재하시다

27
....
마침내 그리스도와 같이 되는 것이
우리의 의무입니다.

1930년 9월 2일

팁(Tip)과 나 그리고 하나님이 함께 시그널 언덕에 있었습니다. 오,
하나님, 그곳에 있었던 영광을 종이 위에 옮기게 하소서.

이러한 경험을 할 수 있었던 것은 나의 마흔여섯 번째 생일을 즐겁
게 보내려고 애썼기 때문인 것 같습니다. 그리고 이것은 우리 모두에
게 어떤 날은 즐겁고 어떤 날은 즐겁지 못한 이유이기도 한 것 같습
니다.

하나님은 우리에게 즐거운 날을 주시려고 언제나 기다리고 계십

니다. 그러나 우리는 하나님께 그런 기회를 드리기 위해 아주 진지하게 생각하는 일이 거의 없습니다.

1930년 9월 21일

좁은 협곡을 통해 하나님을 찾던 우리의 노력은 갑작스러운 계시를 만났습니다. 마치 무한히 넓은 바다로 지금 막 나온 탐험가가 된 기분입니다. 그것은 특별히 새로운 것은 아닙니다. 거의 자동적으로 생기는 새로운 느낌일 뿐입니다.

오늘은 하나님이 모든 것 뒤에 계시는 것 같습니다. 바로 내 손 밑에 계시고, 이 타자기 밑에 계시고, 이 책상 밑에 계시고, 이 파일 안에 계시고, 이 카메라 안에 계시는 것 같습니다.

모로족의 전래 동화 가운데, 바위 뒤에 숨어서 주인공을 지켜보는 요정들 이야기가 있습니다. 바로 이것이 오늘 내가 하나님에 대해서 느끼는 바입니다. 물론 이것은, 하나님은 보이지 않으시며 어디에나 계신다는 진리를 상징하는 한 방법에 지나지 않습니다. 나는 볼 수 없는 것을 상상할 수 없습니다. 그러나 눈에 보이는 모든 것 뒤에 숨어 계시는 하나님을 상상할 수는 있습니다.

하나님께서 이처럼 어디에나 가까이 계신다는 느낌은 외로운 사람에게 무한한 아늑함과 편안함을 가져다줍니다!

하나님께서 '여기에 계심'을 깨닫는 새로운 바다로 들어가게 된 기쁨을 다른 사람들에게 전달하기란 쉽지 않습니다. 하나님과 교제하는 특권은 너무나도 놀라운 사실이어서 하나님께서 주실 수 있는 그 어떤 것보다도 귀한 것 같습니다. 하나님께서 그분 자신을 보여 주시는 것은 이 우주에서 다른 무엇보다 큰 것을 주시는 것입니다.

1930년 9월 22일

어느 변화산 위에서, 하나님의 임재의 아름다움 가운데 살아서 마침내 그리스도와 같이 되는 것이 우리의 의무입니다. 결국 그리스도를 닮은 삶은 영화롭다는 것, 무엇과도 견줄 수 없이 영화롭다는 것이 가장 깊은 진리입니다. 하나님을 잃지 않는 한 패배는 없습니다. 그러나 하나님을 잃으면 화려한 궁 안에서 부귀영화를 누리며 산다고 해도 패배한 것입니다.

1930년 10월 12일

하나님을 끊임없이 마음에 모시려고 노력하는 사람들이 자신들의 경험을 모두 기록해, 다른 사람들이 그 결과를 알 수 있게 되기를 얼마나 바라고 또 바랐던가! 아마도 그 결과는 세상을 놀라게 할 것입니다. 최소한 나 자신의 경험은 나를 놀라게 합니다.

그가 나를 푸른 풀밭에 누이시며
쉴 만한 물가로 인도하시는도다
시 23:2

근심은 먹구름이 걷히듯 사라지고 내 영혼은 영원한 평화의 햇빛 아래 안식을 누립니다. 나는 이 우주의 어디에 누워서도 내 아버지의 영으로 충만할 수 있습니다. 이 우주 자체가 매우 아늑하게 보입니다! 나는 전에 비해서 조금 더 아는 것뿐입니다. 그러나 그 조금만으로도 충분합니다. 하나님에 대한 황홀한 전율이 넘칩니다. 나는 '하나님께 흠뻑 취한 것'이 무엇인지 압니다.

우리의 임무는 성장하고 또 성장하여 지금보다 훨씬 더 아름다운 피조물이 되는 것입니다. 이것은 우리의 껍질이 자주 깨져서 계속 자랄 수 있어야 한다는 것을 의미합니다.

나는 온 세상을 향해 더 나은 길이 필요하다고 말하고 싶습니다. 그 길은 시그널 언덕의 하나님께서 만족하신 길입니다. 하나님께서는 나를 통해 영광의 물줄기를 보내심으로써 나로 하여금 이것이 바르게 깨닫는 길임을 확신하게 해주셨습니다.

1931년 2월 25일

주님께 아주 많이 이야기하는 것, 이것이 가장 좋은 행동 방법입니다.

1931년 3월 3일

오, 하나님께 충분한 기회를 드려서 하나님께서 우리 마음을 그분의 계시의 영광으로 채우시게 할 수 있다면, 그런 복이 나에게 넘치기까지 하나님의 얼굴을 바라보는 것이 내가 할 일입니다. 하나님과 두 시간을 함께 보낸 오늘 아침의 기분이 그렇습니다. 그래서 지금 나는 이 '변화산' 위에서 결코 떠나고 싶지 않습니다.

1931년 4월 5일

그리스도를 택하면 비밀을 알게 되고, 그리스도를 배격하면 절망을 얻습니다.

하늘의 생활

28
....

하나님께서 말씀하실 때가 되면,
하늘의 생각이 맑은 샘물처럼 솟아날 것입니다.

1931년 9월 18일

하나님을 내 안경 삼아, 하나님을 통해서 사람들을 보기로 결심합
니다. 그들을 향한 하나님의 사랑이 채색된 그런 안경 말입니다.

알다시피 지난해 나는 주님을 늘 내 마음에 모시기로 결심했습니
다. 낯선 땅에 있는 외로운 사람에게는 그것이 오히려 쉬운 일입니
다. 이 일은 많은 사람에게 둘러싸여 있는 사람들보다는 양치기나
수도사, 은둔자에게 더 쉬운 일입니다.

그러나 오늘은 전혀 색다른 날이었습니다. 나는 이제 더 이상 외

롭지 않습니다. 오늘은 날이 밝기 시작할 때부터 잠자리에 들 때까지 하루 종일 다른 사람들과 함께 지냈습니다. 이런 새로운 상황 때문에 하나님을 내 생각 밖으로 밀어내야 할까요, 아니면 하나님을 이 모든 것 안으로 모셔야 할까요? 나는 다른 사람의 눈을 계속 바라보고 다른 사람의 말에 계속 귀를 기울이면서 동시에 마음으로 하나님과 말 없는 대화를 계속하는 법을 익혀야 합니다.

하나님을 마치 사진 액자처럼 손 닿는 데 두는 것이 아니라, 사랑하는 사람에게 하듯이 몸을 기댈 때 하나님을 접할 수 있습니다. 하나님의 사랑같이 다함 없는 사랑은 우리가 최대한으로 화답할 때까지 만족하지 않습니다.

1931년 9월 28일

온 인류가 알 권리가 있는 어떤 놀라운 축복을 우연히 얻게 되었을 때는, 어떠한 관습이나 거짓된 겸손 때문에 그것을 말하지 않는 일이 있어서는 안 됩니다. 비록 그것이 자신의 영혼을 많은 사람이 볼 수 있도록 내어놓는 일일지라도 말입니다.

나는 놀라운 생활 방식을 하나 발견했습니다. 그렇다고 나와 같은 생활을 하라고, 아니 시험해 보라고도 강요하는 것은 아닙니다. 다만 그것이 놀라워서, 그런 생활을 하면 지상에서 천국을 누리는 것과 같다는 것을 증거할 따름입니다. 그것은 아주 단순합니다. 어린 아이라도 실천할 수 있을 정도로 아주 단순한 것입니다. 이 단순한 행동은 사람이 쉽게 실행에 옮길 수 있는 가벼운 의지의 압박만을 요구하며, 습관이 쉽게 자리 잡듯이 쉽게 고정됩니다.

이 행동은 삶을 천국의 생활로 바꾸어 놓습니다. 누구나 새로운 풍요를 누리게 됩니다. 그러면 온 세상이 영광으로 빛나게 됩니다. 물론 나는 다른 사람이 나를 어떻게 생각하는지 모릅니다. 그러나 내 마음에 있는 기쁨은 이루 말할 수 없을 정도입니다. 이것 이외의 보상이 없다 해도 나는 이 행동에 충분히 만족합니다.

1931년 10월 11일

우리는 다음 세 가지 질문을 할 수 있을 것입니다.

첫째, "당신은 하나님을 믿습니까?"

이것은 그리 어려운 질문이 아닙니다. "귀신들도 믿고 떠느니라"(약 2:19)라고 했으니까요.

둘째, "당신은 하나님을 아십니까?"

업무 관계가 있는 사람은 알고 있습니다.

셋째, "하나님은 당신의 친구입니까?" 아니면 "당신은 하나님을 사랑합니까?"

여기서 정말 중요한 것은 세 번째 질문입니다. 어떻게 하면 이 단계에 이를 수 있을까요? 그것은 친구 관계가 이루어지는 것과 똑같습니다. 함께 행동함으로써 이루어지는 것이지요. 우정의 깊이와 강도는 둘이서 함께 행동하고 즐기는 일의 양과 다양성에 달려 있습니다. 그렇다면 우정이 늘 한결같을까요? 그것은 공동의 관심이 변하지 않고 오래가느냐, 그리고 관심이 계속 늘어나서 정체하지 않느냐에 달려 있습니다.

최고의 우정은 성장을 요구합니다. "생명 자체가 진보적인 것처럼 우정도 진보적이어야 합니다." 친구는 함께 동행해야 합니다. 함께 오랫동안 가만히 서 있을 수는 없습니다. 그것은 생명과 우정의 죽음을 의미하기 때문입니다.

하나님과의 우정은 아이와 아버지와의 우정과 같습니다. 이상적인 아들은 아버지와의 관계가 날이 갈수록 깊어집니다. 이처럼 우리도 하나님과의 사랑이 더욱더 깊어져서 그분의 관심을 더 많이 공유하게 되고, 그분의 생각을 더 많이 하게 되며, 그분의 일에 더 많이 동참하게 됩니다.

하나님께서 사랑을 일깨우기 위해 만들어 내신 도구 가운데 가장 뛰어난 것이 바로 십자가입니다. 그 십자가 위에서 사랑이 가장 많으신 분이 모든 고통을 무릅쓰고 사랑 가운데 매달리셨습니다. 십자가는 세계 3분의 1의 사람들에게 사랑의 상징이 되었습니다. 십자가는 인간의 사랑 가장 깊은 곳을 일깨워 주기 때문입니다.

1932년 1월 2일

올해는 모든 상황을 하나님께서 예비하신 것으로 받아들이고, 그것이 지극히 평범하거나 실망스러운 일일지라도 한탄하지 않기로 했습니다. 우리는 모든 상황에 신적인 의미를 부여할 수 있습니다.

내가 가장 싫어하는 것 중 하나는 쓸 만한 것을 생각해 낼 수 없거나 이름이 생각나지 않는 '공란'이 자주 생기는 것입니다. 그래서 지금부터는 이런 현상을 하던 일을 멈추고 귀를 기울이라는 하나님의 신호로 여기기로 했습니다.

당신은 때때로 자녀에게 말을 걸고 싶기도, 또 때로는 침묵 속에서 자녀와 함께 있고 싶기도 할 것입니다. 하나님도 마찬가지로 우리와 침묵 속에서 가만히 있기를 원하시는 때가 있을 것입니다.

여기에 우리가 세상 모든 사람에게 나누어 줄 수 있는 것이 있습니다. 모두 다 똑똑하거나 부하거나 아름다울 수는 없습니다. 모두 다 하나님께서 일부 사람들에게 주신 아름다운 꿈을 꿀 수도 없습니다. 모두 다 음악을 좋아할 수도 없습니다. 모두의 마음이 사랑으로 불탈 수도 없습니다.

그러나 모든 사람이 하나님을 붙드는 법을 배울 수는 있습니다. 그리하여 하나님께서 말씀하실 때가 되면, 하늘의 생각이 맑은 샘물처럼 솟아날 것입니다. 그날의 끝에는 모든 사람이 안식하게 될 것입니다.

모든 사람이 아버지의 품 안에서 안식하면서 귀를 기울여 그분의 세미한 음성을 듣는다면 얼마나 좋을까요?

실제적인 조언

29
·········
주님과 함께 시간을 보내는 것이
가장 감동 넘치는 기쁨입니다.

그리스도를 닮는 방법

하나님께 더 많은 시간을 드리지 않고서는 그리스도를 닮을 수 없습니다. 한 교육 대학은 학생들에게 3년 동안 매주 25시간씩 수업을 받도록 요구합니다. 일주일에 10분씩만 공부한다면 교육 대학이 어떻게 유능한 교사를 길러낼 수 있고, 법과 대학이 어떻게 유능한 법률가를 배출할 수 있을까요?

그리스도께서도 마찬가지이십니다. 예수님은 제자들에게 이렇게 말씀하셨습니다. "3년 동안 하루 24시간씩 나와 함께 있으며 나와

함께 다니고 나와 함께 먹고 자자." 그것이 그들이 거쳐야 할 교육
과정이었습니다. 성경은 말합니다. "자기가 원하는 자들을 부르시
니"(막 3:13). 주님은 일주일 168시간 동안 제자들이 자신과 함께 있게
하셨습니다.

한 달 동안 그런 식으로 주님과 동거하려고 노력해 본 사람은 누
구나 그 위력을 알 것입니다. 그것은 마치 중심부에서부터 가장자리
까지 완전히 다시 태어나는 것과 같습니다. 이렇게 하는 사람은 누
구나 완전히 변하게 됩니다. 그러면 어떻게 이런 일을 할 수 있을까
요? 진실로 "돌이켜 어린아이들과 같이 되지 아니하면"(마 18:3) 그렇
게 될 수 없습니다.

그리스도를 모시려는 노력

1분에 1초씩이라도 그리스도를 마음에 모시려고 노력해 보십시
오. 다른 일을 멈추거나 잊을 필요는 없습니다. 다만 그리스도를 초
청하여 당신이 하고 있는 일과 말과 생각을 나누면 됩니다.

어떤 사람들은 오랜 실험 끝에 마침내 깨어 있는 모든 순간을 그
리스도와 함께할 수 있는 방법을 찾았습니다. 사실 이것은 타자기
자판을 새로 익히는 것보다 쉽습니다. 머지않아 마치 숙련된 타자수
가 자판 하나를 치는 것처럼 하루의 대부분을 수월하게 주님께 드리

게 될 것입니다.

이렇게 그리스도의 임재를 실천하는 일은 우리의 모든 시간을 필요로 합니다. 그러나 우리가 하는 일에 방해가 되지는 않습니다. 오히려 그리스도를 우리가 하는 일로 모셔 들이면 그 일을 더 잘하게 됩니다.

영적 거인들의 비밀

하나님의 임재를 실천하는 일은 실험 단계에 있는 것이 아닙니다. 이것은 이미 수많은 사람에 의해 입증된 것입니다. 사실 모든 시대의 영적 거인들은 모두 그것을 알고 있었습니다. 이 일을 위한 노력의 결과는 한 달 정도면 분명하게 나타나기 시작합니다. 6개월 정도 지나면 풍성해지고, 10년 후에는 영광스럽게 됩니다. 이것은 영적 거인들이 지닌 비밀입니다.

바울은 이렇게 말했습니다.

"쉬지 말고 기도하라"(살전 5:17).

"모든 일에 기도와 간구로, 너희 구할 것을 감사함으로 하나님께 아뢰라"(빌 4:6).

"무릇 하나님의 영으로 인도함을 받는 사람은 곧 하나님의 아들이라"(롬 8:14).

새벽 아직도 밝기 전에 예수께서 일어나 나가
한적한 곳으로 가사 거기서 기도하시더니

막 1:35

자기 자신에 대해 완전히 만족하는 사람은 아무도 없습니다. 우리의 삶에는 햇빛과 그림자 모두가 있습니다. 좋은 날도 있고 불만스러운 날도 있는 것이지요. 그런데 그리스도와 아주 가까이 있을 때 좋은 날을 보낼 수 있다는 것을 깨달았습니다. 이런 날을 더 많이 누릴 수 있는 길은 말하고 행동하고 생각하는 모든 것에 그리스도를 모셔 들이는 것입니다.

그리스도를 생각하려는 노력

선한 결심만으로는 충분하지 않습니다. 우리는 삶을 훈련시켜 일정한 틀에 맞추어야 합니다. 많은 사람이 매분 한 번이라도 그리스도를 생각하는 것이 아주 유익하다는 것을 발견했습니다. 이것은 오래전 '하나님과 동행한' 에녹 때에도 이루어진 일입니다.

어떤 사람들은 이것을 로렌스 형제의 '하나님의 임재를 체험하는 일'을 새롭게 알게 되는 것처럼 여기기도 할 것입니다. 하나님의 임재를 체험하는 것은 영적으로 활력이 넘치게 하는 즐거운 경험입니다. 그러나 우리는 머지않아 이것이 '하나님과 동행하는 것'보다 훨씬 더 즐거운 일임을 깨닫게 될 것입니다. 어떤 사람들은 이것을 어두운 감옥에서 나와 새로운 삶을 얻는 것에 비유하기도 했습니다. 이전과 같은 세상을 보고 있지만 예전처럼 보이지 않는 것입니다. 이는 새롭고 영화로운 색을 갖게 되었고, 또 훨씬 더 깊은 의미를 지니게 되었기 때문입니다.

이 습관을 들이는 일이 쉬운 것 같으면서도 또 어렵다는 것을 알게 될 것입니다. 이제까지 당신은 주님을 일주일에 몇 초 내지는 몇 분 동안만 생각했을 것입니다. 그리고 나머지 시간에는 주님이 당신의 생각 밖에 있었을 것입니다.

이제 당신은 로렌스 형제처럼 깨어 있는 동안은 매분마다 주님을 생각하려는 시도를 할 것입니다. 이런 근본적인 습관의 변화에는 처음부터 진지한 노력이 필요합니다.

시작하는 방법

편안하고 복잡하지 않으며 당신에게 쉬운 시간을 찾으십시오. 그리고 한 시간에 몇 분 또는 1분에 몇 번이나 그리스도를 생각하고 그리스도와 교제하는지 살펴보십시오. 다시 말해서 60초마다 1초씩이라도 그리스도를 생각하는지 살펴보는 것입니다. 처음에는 그리 잘하지는 못할 것입니다. 그렇지만 계속 노력하십시오. 그러면 조금씩 쉬워져서 마침내는 거의 자동으로 될 것입니다.

이 일을 시작할 때는 당신이 아직 영적으로 어린아이라는 것을 깨닫게 될 것입니다. 어린아이는 자기 손에 닿는 것은 무엇이든지 붙잡고 일어서려고 합니다. 간신히 일어섰어도 오래 버티지 못하고 몇 초 만에 넘어집니다. 그렇지만 또다시 일어섭니다. 그렇게 반복할수록 지난번보다 조금씩 더 오랫동안 서 있게 됩니다.

주님의 임재를 체험하는 좋은 시간을 가졌다고 생각해 봅시다. 그런 다음 다른 친구들과 일상적인 대화를 하며 지낸다고 합시다. 그때 당신은 1분에 한 번씩 주님을 생각할 수 있습니까? 그렇게 하기는 힘들 것입니다. 그렇지만 도움이 될 만한 것들이 있습니다.

속으로 계속해서 당신이 좋아하는 찬송을 부르십시오. 예를 들어 "주님의 뜻을 이루소서 고요한 중에 기다리니"(새찬송가 425장)라는 찬송을 부르는 것입니다. 또 마음속으로 '주님, 주님은 나의 생명이십니다. 주님은 나의 생각이십니다.'라고 말하십시오.

일상에서의 유익한 방법

다음은 몇 가지 유익한 방법들입니다.

식사를 할 때는 "이것을 행하여 나를 기념하라"고 하신 예수님의 말씀을 기억하십시오. 이것은 우리가 한입 한입 음식을 먹을 때마다 "너희를 위하는 내 몸", 즉 주님을 생각할 수 있도록 모든 일상적인 식사에 적용할 수 있습니다. 책을 읽을 때는 읽고 있는 내용에 대해 주님과 계속적으로 대화하십시오.

어떤 문제로 고민할 때도 주님을 기억할 수 있습니까? 새로운 습관을 들이면 가능합니다! 모든 생각에는 말 없는 대화가 따릅니다. 이것은 당신의 내적 자아와의 대화입니다. 당신 자신과 대화하는 대신에 그리스도와 대화하는 습관을 들이십시오. 이렇게 해 본 몇몇 사람은 이 방법이 무척이나 좋다는 것을 깨닫고는 이 외에는 다른 방법을 원하지 않게 되었습니다.

모든 생각을 주님과의 대화로 만드는 것! 이제까지 발견한 방법들 가운데 이것처럼 마음을 사로잡는 방법은 없었습니다. 악한 생각이 들 때는 언제든지 이렇게 말하십시오.

"주님, 이 생각은 주님과 의논하기에 적합하지 않습니다. 주님께서 이 생각을 맡아 주십시오. 주님의 임재로 나의 생각을 새롭게 해 주십시오."

혼자서 밖을 산책할 때, 아무 노력을 들이지 않고도 1분에 한 번씩은 주님을 생각할 수 있습니다. 큰 소리로 이야기해도 아무도 듣지 못할 호젓한 곳을 거닐고 있다면, 당신 안에 계시는 보이지 않는 동행자께 소리 내어 이야기해도 될 것입니다. 주님께 무엇이 가장 중요한지 물으십시오. 그리고 하나님께서 당신에게 대답하신다고 생각되는 말을 소리 내어 대답하십시오.

우리가 하나님의 대답을 올바로 판단했다고 늘 자신할 수는 없습니다. 그러나 확신할 수 있는 경우가 얼마나 많은지를 알게 되면 분명 놀랄 것입니다. 우리의 대답이 옳은지를 반드시 확인할 필요는 없습니다. 대답이 중요한 것이 아니기 때문입니다. 중요한 것은 바로 주님 자신입니다. 하나님의 조언이나 하나님의 선물보다는 하나님 자신이 무한히 중요합니다. 하나님 자신이 가장 귀한 선물입니다.

대화의 특권

그리스도와 대화하는 것이 주는 가장 고귀한 특권은 그분과 나눌 수 있는 이 친밀함입니다. 천국의 시간을 영광스럽게도 지상에서 누릴 수 있는 것입니다. 혼자 걷는 가운데 대화를 통해서도 이런 일이 가능함을 알면서도 이 지극한 즐거움을 얻지 못한다는 것은 얼마나 어리석은 일일까요!

그러나 무엇보다도 놀라운 발견은, 바울의 말대로 "그리스도께서 내 안에 살아 계신다"는 것입니다. 우리가 그리스도의 작은 속삭임 하나하나에 응답하면, 그리스도께서는 우리 안에 거하시며, 우리 생각 가운데 걸으시고, 우리를 통해 손을 뻗치시고, 우리의 목소리로 말씀하십니다.

밤에 잠이 들 때 마지막으로 하는 생각이 그리스도가 되도록 하십시오. 마음에 떠오르는 사랑 어린 말은 어느 것이든지 쉬지 말고 속삭이십시오. 만일 온종일 주님과 동행했다면, 꿈속에서는 더욱 신나게 주님과 동행하게 될 것입니다. 그런 하루를 보내고 잠이 들다 보면 어떤 때는 이마를 만져 주시는 그분의 부드러운 손길을 느끼고는 기쁨의 눈물로 베갯잇을 적시기도 할 것입니다.

보통은 깊은 감정을 느끼지 않습니다. 그러나 "모든 지각에 뛰어난 하나님의 평강"을 늘 가지게 될 것입니다. 이것이 완전한 날의 마지막입니다.

아침에 일어날 때는 "주님, 이제 일어날까요?"라고 이야기하십시오. 어떤 사람은 아침에 세수하고 옷을 입으면서도 모든 생각을 주님께 속삭입니다.

보이지 않는 동반자

사람들은 육체노동이든 정신노동이든, 모든 종류의 일을 하면서도 늘 주님을 생각할 수 있습니다. 그리하여 더 기쁘고, 일한 결과 역시 더 나음을 발견했습니다. 가장 견디기 힘든 시련을 겪는 사람들도 그들의 보이지 않는 동반자가 자기 곁에 계심을 깨닫고는 새로운 힘을 얻었습니다. (물론 나쁜 일을 하거나 정직하지 못한 방법을 사용하는 사람은 하나님의 동행을 기대할 수 없다는 것은 분명한 사실입니다.)

목수는 자기가 하는 한 가지 한 가지 일에 대해 조용히 하나님께

말씀드림으로써 일을 더 잘할 수 있습니다. 예수님이 목수 일을 하셨을 때 분명히 그러셨을 것입니다.

요리를 할 때, 설거지를 할 때, 청소를 할 때, 아이들을 돌볼 때, 그리스도와의 이런 동행을 실천한 여자들이 있습니다. 주님께서 우리를 도우려고 하신다는 것을 알고 사소한 일 하나까지 주님께 속삭이십시오. 좋아하는 찬송을 부르거나 흥얼거리십시오. 이것이 그들이 발견한 유익한 방법입니다.

학생들은 시험을 치를 때에라도 주님의 임재를 누릴 수 있습니다. 이렇게 말하십시오. "아버지, 저의 머리를 맑게 해주십시오. 그리고 배운 것을 모두 기억할 수 있게 해주십시오. 이번 문제는 어떻게 대답해야 할까요?" 주님은 공부하지 않은 것을 말씀해 주시지는 않을 것입니다. 그러나 기억을 분명하게 해주시고 시험 공포증을 없애 주실 것입니다.

완전한 사랑

하나님의 임재를 실천하는 사람들이 주님께로 가까이 갈 때에도 문제와 고통이 생길 수 있습니다. 그러나 그들이 새로이 얻게 될 즐거운 경험에 비하면 이런 것은 별로 큰일이 못 됩니다. 하루하루를 하나님과 함께 보내게 되면, 지진이나 화재나 기아, 그 밖에 다른 어떤 재난도 우리를 두렵게 만들지 못할 것입니다. 바울이 난파당했을 때 말한 것처럼, "완전한 사랑이 두려움을 몰아냅니다."

반드시 치러야 할 대가

하나님의 임재를 체험하기 위해 첫 번째로 치러야 할 대가는 우리의 의지를 잔잔하게, 그렇지만 지속적으로 붙들어 매는 것입니다. 힘들겠지만 노력 없이 상을 얻을 수는 없지 않겠습니까?

두 번째로 치러야 할 것은 인내입니다. 처음 시작할 때 결과가 신통치 않다고 해서 실망할 필요는 없습니다. 누구라도 처음에는 얼마 동안 이런 경험을 합니다. 한 주가 가고 두 주가 갈수록 조금씩 나아져서 덜 힘들게 되는 것입니다.

세 번째로 치러야 할 것은 완전한 순종입니다. 우리의 의지가 거역하는 바로 그 순간 우리는 그리스도의 임재를 잃게 됩니다. 삶의 아주 작은 부분에서도 자기를 고집하거나 악을 버리지 않으며, 주님께서 우리를 온전히 지배하시는 것을 거부한다면, 그 작은 부분이 전체를 망쳐 놓게 될 것입니다. 우리는 완전히 성실해야 합니다.

네 번째로 치러야 할 것은 모임에 자주 참석하는 것입니다. 우리는 우리가 추구하는 것, 즉 그리스도의 임재를 추구하는 신자들의 자극을 받아야 합니다.

우리가 얻는 것

당신의 모든 시간을, 아니 그 절반이라도 그리스도께 드리는 일에 실패할 수도 있습니다. 그러나 분명 더욱더 풍성한 삶을 얻게 될 것입니다. 포기하지 않는 한 실패하는 사람은 없습니다. 우리는 토마스 아 켐피스(Thomas a Kempis)가 말한 "예수님과의 친밀한 교제"를 가꾸어 가고 있는 것입니다.

우리의 보이지 않는 친구는 날이 갈수록 귀해지고 가까워지고 놀라워져서 마침내 노래로만이 아닌 정말 복된 체험을 통해 그를 "내 영혼이 사랑하는 예수"로 알게 됩니다. 의심은 사라집니다. 예수님이 그 어느 누구보다도 가깝게 계신다는 것을 확신하게 됩니다. 이 푸근하고 열렬한 친교는 급속히 익어 시간이 갈수록 풍성해집니다. 그리고 생각이 깨끗해집니다. 그리스도께서 임재하실 때, 매 순간 우리의 마음이 산속 시냇물처럼 깨끗하기 때문입니다.

또한 어떠한 형편에 처하든지 하루 종일 만족합니다. 주님께서 우리와 함께 계시기 때문입니다. 다른 사람들에게 그리스도에 대해 이야기하기도 쉬워집니다. 우리 마음에 그리스도가 가득 차 있기 때문입니다.

누구나 가능하다

신앙생활을 따분하고 어리석고 졸리다고 생각하는 것은 하나님 앞에 가증한 것입니다. 하나님께서는 다양한 것을 무한히 창조하셨고, 우리를 놀라게 하는 것을 즐거워하시기 때문입니다. 졸음이 오는 경건 시간을 보내고 있다면 하나님도 아마 당신처럼 지루하게 여기실 것입니다. 그런 것을 떨치고 일어나십시오. 그리고 신선한 방법 하나를 찾아보십시오.

어떤 사람들은 때때로 하나님과 동행하는 것은 자신들에게 불가능할 거라고 여기거나, 그들의 모든 기쁨을 그리스도와 나누다 보면 좋은 시간을 잃게 될 거라고 생각합니다. 주님을 기쁨을 빼앗아 가는 분으로 생각하다니 얼마나 안타까운 오해입니까! 주님과 함께 시간을 보내는 것이 가장 감동 넘치는 기쁨입니다. 이것이 없으면 운동 경기도 유희도 모두 따분하다는 내용의 합창 소리가 세상에 울려 퍼질 것입니다.

주님과 함께 시간을 보내는 것은 지겨운 의무가 아닙니다. 만일 몇 분 동안, 아니면 하루 종일이라도 주님을 생각하지 않았다면, 지나치게 괴로워하거나 후회하지 말고 미소로 다시 새롭게 시작하십시오. 매 순간이 새로운 시작이 될 것입니다.

온 땅이여 여호와께 즐거운 찬송을 부를지어다
기쁨으로 여호와를 섬기며 노래하면서
그의 앞에 나아갈지어다

시 100:1-2

맺는 글

주님을 향한 갈망을
채워 주길 바라며

이 책이 처음 발행된 이래, 그리고 **예수 그리스도를 깊이 체험하기** *Experiencing the Depths of Jesus Christ*(생명의말씀사)가 발행된 이래, 전국의 그리스도인들로부터 아주 감동적인 편지들을 받았습니다. 만족을 누리지 못하는 그리스도인들이 아주 많다는 것에는 의문의 여지가 없습니다. 오늘날의 기독교는 만족을 주지 못하며, 또 충분히 깊지도 못합니다. 이 책들을 출판하는 이유는 이처럼 널리 퍼져 있는 갈급함을 채워 주기 위해서입니다. 그러나 다음과 같이 말해 주고 싶습니다.

하나님께서 당신에게 그리스도의 임재를 주신 것은 단지 당신의 일생을 무한히 행복하게 하려고 그러시는 것만은 아니라는 것입니다. 하나님께서는 당신을 구원하여 자신의 나라로 들어가게 하셨습니다. 1세기에는 모든 신자가 그 나라를 날마다, 그리고 아주 실제적으로 체험하는 일에 중요한 역할을 했습니다. 그들은 그것을 그리스도의 몸이라고 불렀습니다. 우리는 그것을 교회라고 합니다.

그것이 어떤 것이든 간에 교회는 기본적이고 실제적이며 분명한 사실입니다. 또 그것이 어떤 것이든 간에 교회 생활은 오늘날의 그리스도인들에게 알려지지 않은 체험입니다.

내가 간청하는 것이 바로 이런 것입니다. 그리스도를 실제로, 그리고 깊이 알려고 노력할 때에는 잊지 말고 1세기 사람들이 했던 것처럼 하십시오. 그들은 모두 실제적인 교회 생활의 맥락에서 그리스도를 알았습니다.

이제 당신도 그리스도를 찾길 바랍니다. 그리스도의 몸을 매일 체험하는 가운데 그분을 알아 가는 더 깊은 체험도 발견하게 되기를 바랍니다.

사명선언문

너희가 흠이 없고 순전하여……세상에서 그들 가운데 빛들로
나타내며 생명의 말씀을 밝혀 _ 빌 2:15-16

1. 생명을 담겠습니다

만드는 책에 주님 주신 생명을 담겠습니다.
그 책으로 복음을 선포하겠습니다.

2. 말씀을 밝히겠습니다

생명의 근본은 말씀입니다.
말씀을 밝혀 성도와 교회의 성장을 돕겠습니다.

3. 빛이 되겠습니다

시대와 영혼의 어두움을 밝혀 주님 앞으로 이끄는
빛이 되는 책을 만들겠습니다.

4. 순전히 행하겠습니다

책을 만들고 전하는 일과 경영하는 일에 부끄러움이 없는
정직함으로 행하겠습니다.

5. 끝까지 전파하겠습니다

모든 사람에게, 땅 끝까지, 주님 오시는 그날까지
복음을 전하는 사명을 다하겠습니다.

서점 안내

광화문점 서울시 종로구 새문안로 69 구세군회관 1층
02)737-2288 / 02)737-4623(F)

강남점 서울시 서초구 신반포로 177 반포쇼핑타운 3동 2층
02)595-1211 / 02)595-3549(F)

구로점 서울시 동작구 시흥대로 602, 3층 302호
02)858-8744 / 02)838-0653(F)

노원점 서울시 노원구 동일로 1366 삼봉빌딩 지하 1층
02)938-7979 / 02)3391-6169(F)

일산점 경기도 고양시 일산서구 중앙로 1391 레이크타운 지하 1층
031)916-8787 / 031)916-8788(F)

의정부점 경기도 의정부시 청사로47번길 12 성산타워 3층
031)845-0600 / 031)852-6930(F)

인터넷서점 www.lifebook.co.kr